Knaur

Von Josef Kirschner sind außerdem erschienen:

Manipulieren – aber richtig (Band 7442)
Die Kunst, ein Egoist zu sein (Band 7549)
Hilf Dir selbst, sonst hilft dir keiner (Band 7610)
Die Kunst, ohne Überfluß glücklich zu leben (Band 7647)
Die Kunst, ohne Angst zu leben (Band 7689)
So hat man mehr Spaß am Sex (Band 7719)
Die Kunst, glücklich zu leben (Band 82004)
Das Lebenstraining (Band 82101)
So wehren Sie sich gegen Manipulation (Band 82197)
So nutzen Sie ihre eigenen Kräfte besser (Band 82211)
So machen Sie auf sich aufmerksam (Band 82212)
So lernen Sie, sich selbst zu lenken (Band 82214)
So lernen Sie, sich selbst zu lieben (Band 82215)

Über den Autor:

Josef Kirschner, geboren 1931, verheiratet, Vater von zwei Söhnen, lebt in Wien und auf einem kleinen Bauernhof im Burgenland. Er berät Leistungssportler, Manager und Medien. Mit Psychologen gründete er in dem Kurort Bad Tatzmannsdorf eine »Lebensschule«. Dort trainierte er in Seminaren mit den Teilnehmern das glückliche Leben im Alltag und Techniken der Problembewältigung. Josef Kirschners Bücher wurden in sechs Ländern verlegt.

Josef Kirschner

So planen Sie Ihr Leben richtig

Neun Schritte zu einem selbstbewußteren Leben

Knaur

Besuchen Sie uns im Internet:
www.droemer-knaur.de

Vollständige Taschenbuchausgabe April 1999
Droemersche Verlagsanstalt Th. Knaur Nachf., München
Dieses Buch ist bereits mit dem Titel »So plant man sein Leben richtig« unter der Bandnummer 7720 erschienen.

Umschlaggestaltung: Agentur ZERO, München
Umschlagillustration: Bavaria Bildagentur, Gauting
Druck und Bindung: Elsnerdruck, Berlin
Printed in Germany
ISBN 3-426-82226-1

2 4 5 3 1

Josef Kirschner, Autor der Buchreihe »Lebensschule« beschäftigt sich seit 30 Jahren mit der Frage: »Was kann jeder von uns selbst tun, um an jedem Tag seines Lebens ein Höchstmaß an persönlichem Glück und Erfolg zu erringen?«

Lebensstrategien und Verhaltenstechniken, die er seinen Lesern empfiehlt, hat er in diesen Jahren mit maximalem Erfolg an sich selbst erprobt. Er war Magazinarbeiter, Reporter, Chefredakteur. Er besuchte als Gast Henry Kissingers die amerikanische Harvard University und war Lehrbeauftragter an der Universität in Wien.

Kirschner präsentierte in der erfolgreichen österreichischen Sendereihe »Tritsch Tratsch« eine neue Form der Fernsehunterhaltung. Als er nach 50 Sendungen zum Bedauern des Publikums abtrat, meinte er: »Wenn man eine Sache zum Höhepunkt gebracht hat, sollte man nach neuen Herausforderungen suchen.«

Lieber Leser!

Mit diesem Band der Lebensschule können Sie lernen, Ihr Leben zielstrebig zu planen. Wenn Sie sich ernsthaft damit beschäftigen, werden Sie schon nach kurzer Zeit erstaunliche Veränderungen in Ihrer Einstellung zu sich selbst und Ihrer Umwelt feststellen.

Vielleicht fragen Sie: »Warum soll ich mein Leben überhaupt planen?« Die Antwort lautet: »Wer selbst weiß, was er will, verliert die Angst, es den Mitmenschen nicht recht zu machen. Er lebt selbstbewußter.«

Ein eigener konkreter Lebensplan bedeutet, nicht mehr von Lob und Kritik anderer Leute abhängig zu sein. Wer eigene Lebensmaßstäbe besitzt, weiß selbst, was für ihn richtig ist.

Jedermann sieht ein, daß der Staat oder ein Unternehmer Pläne machen muß, daß Konzepte und Verhaltensregeln aufgestellt werden, nach denen wir alle uns zu richten haben. Warum aber tun wir das gleiche nicht auch für uns selbst?

Wer seine Ziele und Pläne konkret festlegt, hat auch den dynamischen Ansporn, sie zu verwirklichen. Er hat ein persönliches Ziel.

Wer nicht genau weiß, was er wirklich in seinem Leben erreichen will, ist für die ständigen Verführungen seiner Mitwelt anfällig.

Wenn Sie diese Gründe davon überzeugen, einen ganz persönlichen Lebensplan für sich zu erstellen, finden Sie hier eine praktische Anleitung in neun Lernschritten.

Selbst wenn Sie auch in Zukunft nicht nach festen Regeln leben möchten, werden Sie nach dem Studium dieses Lebensschule-Bandes mehr über sich wissen als bisher.

> Es ist zu empfehlen, daß Sie sich für die eigene Ausarbeitung der Lebensschule ein Arbeitsheft anlegen.

Hören Sie auf zu denken, daß Ihre schönsten Träume nicht erfüllbar sind

Viele von uns haben die schönsten Träume ihres Lebens schon längst begraben. Der nüchterne Alltag hat sie zunichte gemacht. Wir weinen ihnen gelegentlich noch nach. Solche melancholischen Erinnerungen enden meistens mit der Erkenntnis: »Schade, daß alles ganz anders gekommen ist.«

Hier sind drei Hinweise, warum Sie trotzdem nicht resignieren sollten, denn es ist nie zu spät, die Erfüllung scheinbar unerfüllbarer Vorstellungen anzustreben.

Erstens:

Ihre Träume haben sich vielleicht nur deshalb bisher nicht erfüllt, weil Sie nicht daran glaubten, sie sich erfüllen zu können. Letzten Endes aber liegt es nur an Ihnen, sich statt »Ich schaff's ja doch nicht mehr« zu sagen: »Ich schaffe es.«

Zweitens:

Ihre Träume haben sich nicht erfüllt, weil Sie keinen konkreten Plan besaßen, sie Schritt für Schritt zu verwirklichen.

Drittens:

Ihre Träume blieben vielleicht deshalb Utopie, weil Sie sich niemals wirklich mit ihnen identifizierten. Möglicherweise haben Sie immer nur gesagt: »Ich möchte schon, aber so ganz traue ich es mir nicht zu.«

Ein Lebensplan kann Ihnen dabei helfen, alle diese Hindernisse zu überwinden.

Drei Hinweise, wie Sie an Ihrem Lebensplan arbeiten sollten

Ihren Lebensplan zu erstellen soll Ihnen Freude machen. Niemand drängt Sie. Niemand belächelt Sie, wie es Bekannte und Freunde manchmal tun, wenn man ihnen von persönlichen Absichten erzählt, die nicht alltäglich sind.

Sie selbst sind dafür verantwortlich, ob ein Plan Ihr Leben grundlegend verändert. Oder ob Sie – von Zweifeln und Bequemlichkeit verleitet – mitten in Ihrem Vorhaben aufgeben.

Drei Entscheidungen sollten Sie fällen:

Erste Entscheidung

Ich beschließe, diesen Lebensschule-Band bis zu Ende durchzuarbeiten und mich durch keine Zweifel davon abhalten zu lassen. Schließlich habe ich diesen Band gekauft, also will ich auch einen Nutzen davon haben.

Zweite Entscheidung

Ich begnüge mich nicht damit, diesen Band einfach durchzulesen. Ich übernehme aktiv die Planung meines Lebens. Aktiv. Das heißt: Ich trage immer mein

Arbeitsheft und einen Bleistift bei mir, um meine Ideen und Gedanken aufzuschreiben und auf diese Weise eine immer bessere Ordnung in meine Vorstellungen zu bringen.

Dritte Entscheidung

Ich entscheide mich dazu, wenigstens für die Zeit meiner Lebensplanung ein Egoist zu sein. Ich mache hier schließlich *meinen* Lebensplan. Ich will *mein* Leben besser führen können, glücklicher und selbstbewußter sein. Deshalb konzentriere ich mich ausschließlich darauf, was *ich* möchte. Ohne mich ständig durch den Gedanken: »Was werden denn da die anderen sagen?« behindern zu lassen.

Wenn Sie erst einmal beschlossen haben, alle neun Schritte dieser Anleitung ernsthaft zu erarbeiten, liegt es an Ihnen, wie Sie sich diese Arbeit einteilen.

Wir können Ihnen aus jahrelanger praktischer Erfahrung in den Seminaren der Lebensschule raten: Es ist besser, an jedem Tag eine halbe Stunde an Ihrem Lebensplan zu arbeiten, als vielleicht nur einmal jede Woche zwei Stunden.

Weil dieser Plan für Sie einen Vorteil bringen soll, empfehlen wir Ihnen, immer wieder an ihn zu denken. Denken Sie einfach: »Ich bin gespannt, was mir heute wieder dazu einfällt.« Oder: »Wenn ich einen Lebensplan erstellt habe, werde ich vielen Leuten einen großen Schritt voraus sein.«

Machen Sie sich ganz einfach selber Mut und Freude an dieser Arbeit. Schließlich tun Sie es für sich selbst.

Das allein ist es wert, Spaß daran zu haben.

Die neun Schritte der richtigen Lebensplanung

1.

Stellen Sie sich die Frage: »Wer und wie möchte ich wirklich sein?«

2.

Ordnen Sie Ihre Wünsche und Pläne in einem Planungsgerüst

3.

Machen Sie aus Ihren Wünschen Pläne, und beginnen Sie mit dem Lebensbereich »Lebensglück und Erfolgserlebnis«

4.

Formulieren Sie Ihr Ziel und planen Sie den Weg für den Lebensbereich »Geld und Verdienst«

5.

Formulieren Sie Ihr Ziel und planen Sie den Weg für den Lebensbereich »Partnerschaft und Familie«

6.

Formulieren Sie Ihr Ziel und planen Sie den Weg für den Lebensbereich »Selbstbewußtsein und Durchsetzungsvermögen«

7.

Formulieren Sie Ihr Ziel und planen Sie den Weg für den Lebensbereich »Phantasie«

8.

Formulieren Sie Ihr Ziel und planen Sie den Weg für den Lebensbereich »Lebensstil und Bedürfnisse«

9.

Formulieren Sie Ihr Ziel und planen Sie den Weg für den Lebensbereich »Gesundheit«

Der erste Schritt

Der erste Schritt Ihrer Lebensplanung besteht darin, sich die einfache Frage zu stellen: »Wer und wie möchte ich wirklich sein?«

»Wer und wie möchte ich wirklich sein?« Lassen Sie sich diese Frage durch den Kopf gehen. Ganz ohne Hektik und ohne den Zwang, daß Ihnen sofort dazu etwas einfallen muß.

Wo immer Sie jetzt auch sitzen oder liegen – machen Sie es sich bequem. Entspannen Sie sich. Konzentrieren Sie sich auf die Frage und vergessen Sie die Umwelt, den Ärger, die Probleme.

Die Zeit, in der Sie sich mit Ihrem Lebensplan beschäftigen, soll für Sie eine erfreuliche und erholsame Zeit sein. Ziehen Sie sich in sich selbst zurück. Schauen Sie nicht auf das, was um Sie herum vor sich geht. Was andere Leute von Ihnen wollen.

Beschäftigen Sie sich nur damit, was Sie selbst von sich erwarten.

Denken Sie darüber nach: »Wer und wie möchte ich wirklich sein?«

Hier sind einige Fragen, die es Ihnen vermutlich erleichtern, Antworten zu finden:

- Bin ich eigentlich glücklich, wie ich jetzt lebe?
- Lebe ich wirklich, wie ich selbst leben möchte – oder lebe ich vorwiegend so, wie andere es von mir erwarten?
- Was möchte ich in zehn Jahren erreicht haben?
- Was war denn mein schönster Jugendtraum, den ich mir bis jetzt nicht erfüllt habe?

Lesen Sie diese Zeilen mehrmals durch, wenn es Ihre Phantasie anregt.

Greifen Sie zu Arbeitsheft und Bleistift und schreiben Sie sofort auf, was Ihnen einfällt. Schreiben Sie es so auf, wie es Ihnen in den Sinn kommt. Niemand außer Ihnen wird es lesen. Also brauchen Sie keinen großen Wert auf den Stil zu legen. Es macht auch nichts, wenn Sie Fehler machen.

Schreiben Sie drauflos, um sich von den Gedanken freizumachen und um dadurch andererseits Ihre Phantasie weiter anzuregen.

Schreiben Sie alles auf, was Ihnen zu der Frage einfällt: »Wer und was möchte ich wirklich sein?«

In einem Seminar der Lebensschule schrieb eine 32 Jahre alte Hausfrau folgendes in ihr Planungsheft:

Mein Wunsch: Ich wollte immer mit einem Mann verheiratet sein, der mich als gleichwertigen Partner anerkennt. Vor allem deshalb, weil ich in meiner Jugend immer unterdrückt worden bin. Ich wünschte mir deshalb einen Partner, zu dem ich zärtlich sein kann, der mich respektiert und der gefühlvoll ist.

Die Realität: Leider bin ich seit zwölf Jahren mit einem kleinlichen Haustyrannen verheiratet. Oft habe ich den Eindruck, daß ich für ihn nichts anderes bin als eine Haushälterin.

Meine bisherigen Argumente: Ich kann nichts an meinem Schicksal ändern, weil ich meine beiden Kinder nicht im Stich lassen will. Außerdem: Wo sollte ich denn hingehen? Ich habe ja nichts anderes gelernt, als Hausfrau und Mutter zu sein.

Mein Plan: Seit ich mich entschlossen habe, zuerst mein eigenes Glück zu suchen und dann erst an andere zu denken, weiß ich, daß ich mein Leben ändern kann. Ich werde deshalb meinem Mann schriftlich mitteilen, was ich in Zukunft als sein Partner erwarte.

Ich werde uns beiden eine Frist von einem halben Jahr setzen. Wenn bis dahin diese Gemeinschaft für mich nicht mehr Befriedigung bringt, werde ich mich von meinem Mann trennen...

Das trug eine Frau in ihr Lebensplanungs-Heft ein, nachdem sie sich zwei Tage lang mit der Frage beschäftigt hatte: »Wer und wie möchte ich wirklich sein?« Die meiste Zeit hatte sie über der leeren Seite gesessen, aber es war ihr absolut nichts eingefallen. Andere Teilnehmer hatten schon lange Listen von

Wünschen und Zielen aufgestellt, die Phantasie dieser Frau aber war wie ausgebrannt.

Bis ihr bewußt wurde, daß sich alle ihre Gedanken immer wieder um die eine, für sie offensichtlich entscheidende Frage drehten: Ihre unerfüllte Ehe.

»Meine Ehe?« dachte sie zuerst. »An der kann ich doch nichts ändern.« Erst als sie dieses »Ich kann nicht« überwand und ihren größten Wunsch niederschrieb, wurde ihr klar, daß sie damit eine Sperre gelöst hatte.

Sie wagte dann nicht nur, ihre Realität nüchtern zu sehen, sie fand auch eine Lösung für ihr Problem.

Später erklärte sie: »Als ich erst einmal entschlossen war, mein Problem zu erkennen, es mir einzugestehen und es auch zu Papier zu bringen, fühlte ich mich von einer großen Last befreit. Ich fing an, mir wieder alle diese Dinge ins Gedächtnis zu rufen, die ich mir für mein Leben einmal vorgestellt hatte. Mir wurde dabei auch bewußt, daß ich mir während des Aufschreibens ganz automatisch vorstellte, wie sie sich alle eines Tages für mich erfüllten.«

Zweifellos ist dies ein außergewöhnlicher Fall. Andere Teilnehmer von Lebensplanungs-Seminaren schreiben in ihre Hefte Wünsche, Pläne und Ziele wie diese:

- Ich möchte weniger Geld verdienen, dafür aber mehr Freiheit für das haben, was mir wirklich Freude macht.

- Ich will nicht mehr am ganzen Körper zittern, wenn mich mein Chef in sein Büro ruft.
- Ich möchte endlich lernen, »Nein« zu sagen, wenn meine Frau etwas von mir fordert. Nie wieder möchte ich mich schuldig fühlen, wenn ich ihr etwas abschlage.
- Ich wünsche mir Unabhängigkeit von den Geboten und Verboten, die mir ein Leben lang anerzogen wurden.
- Ich will zu trinken aufhören können, wenn ich merke, daß ich die Kontrolle über mich verliere.
- Ich möchte mich von meinem Freund trennen, denn ich halte seine Nähe einfach nicht mehr aus.

So oder ähnlich lauteten die Gedanken zu der Frage: »Wer und wie möchte ich wirklich sein?« Alle deuteten darauf hin, wie sehr sich die Betroffenen wünschten, anders zu sein, als sie gerade waren.

Auf die Frage: »Wenn Sie mit diesen Dingen in Ihrem bisherigen Leben nicht zufrieden waren, warum haben Sie nicht schon längst etwas dagegen unternommen?«, meinten die meisten: »Es ist mir noch nie so richtig bewußt geworden.« Oder: »Ich hatte mich damit abgefunden.« Oder auch: »Der Gedanke, daß ich an meiner Situation etwas ändern könnte, ist mir gar nicht gekommen.«

Vielen von uns ist nicht mehr bewußt, wo die Grenze zwischen unseren eigenen Lebensvorstellungen und dem liegt, was unsere Mitwelt aus uns macht. Oft ist es so, daß wir uns gar nicht mehr fragen: »Was möchte ich?«, sondern daß uns die Lösung genügt:

»Ich bin mit dem zufrieden, was die anderen haben.« Oder: »Wenn das für die anderen gut ist, wird es wohl auch für mich richtig sein.«

Wir nehmen an, daß es auch für uns richtig ist. Aber wir nehmen uns nicht die Mühe, zu ergründen, ob das tatsächlich auch stimmt.

Auf diese Weise gewöhnen wir uns daran, immer mehr unsere eigene Identität aufzugeben und uns ganz dem allgemeinen Verhalten unterzuordnen. Wir wissen bald nicht mehr, welche Ansprüche wir tatsächlich an das Leben stellen. In Wahrheit wissen wir bald auch nicht mehr, wer wir wirklich sind.

Wir haben keinen eigenen Plan mehr für unsere individuelle Entfaltung. Andere machen die Pläne für uns und unser Leben.

Wer damit zufrieden ist, sollte sich erst gar nicht weiter die Mühe machen, einen eigenen Lebensplan zu erstellen. Denn nach seinen eigenen Vorstellungen zu leben ist nicht bequem. Wenn wir davon absehen, wie unbefriedigend es sein muß, es ein ganzes Leben lang vorwiegend anderen Leuten recht zu machen.

Vielleicht kommen Ihnen solche Gedanken in den Sinn, wenn Sie über sich nachdenken. Schreiben Sie alle diese Gedanken auf. Denn der erste Schritt Ihrer Lebensplanung dient dazu, sich selbst besser kennenzulernen. Sich bewußt zu machen, wovon Sie abhängig sind und wovon Sie sich befreien möchten.

Träumen Sie davon, daß Ihnen all das möglich ist.

Lassen Sie sich keinesfalls von der Phrase »Wozu soll ich das aufschreiben, es hat ja keinen Sinn« daran hindern.

Es kann durchaus sein, daß Ihnen dieser erste Schritt bei der Planung Ihres zukünftigen Lebens einige Schwierigkeiten bereitet.

- Vielleicht fragen Sie sich immer wieder: »Wozu soll ich alles das tun? Wohin soll dieses ganze Nachgrübeln führen?«

Es ist durchaus möglich, daß es zu überhaupt nichts führt. Aber warum entscheiden Sie diese Frage jetzt schon, wo Sie kaum damit angefangen haben, über Ihr Leben richtig nachzudenken?

- Es kann sein, daß Sie damit anfangen, Ihre Wünsche und Pläne neu zu überdenken. Bald aber finden Sie plötzlich keine Zeit mehr, weiterzumachen.

Diese Ausrede benützen nicht nur Sie, sondern ungezählte andere Menschen auch. Es ist die klassische Entschuldigung dafür, sich vor etwas zu drücken, das einem unbequem ist.

- Es mag sein, daß es Ihnen schwerfällt, Ihre Gedanken aufzuschreiben. Ganz einfach, weil Sie es nicht gewohnt sind. In diesem Falle sollten Sie aufhören, das Aufschreiben als etwas Besonderes anzusehen. Betrachten Sie es als die Fortsetzung Ihrer Gedanken. Ein Nutzen des Schreibens – das sollten Sie sich vor Augen halten – besteht darin, daß Sie nicht mehr fürchten müssen, etwas zu vergessen.

Wenn Sie also meinen, daß Sie alles ergründet und zu Papier gebracht haben, was Ihnen zur Frage »Wer und wie möchte ich wirklich sein« wichtig ist, sollten Sie vier Dinge tun:

1. Erfreuen Sie sich an Ihrer Leistung.
2. Machen Sie sich bewußt, daß Sie mit dieser Selbstanalyse unendlich vielen Menschen einen Schritt voraus sind.
3. Lesen Sie das, was Sie bisher aufgeschrieben haben, noch einige Male durch. Lassen Sie sich Zeit dabei. Auch wenn es Tage dauert. Vielleicht fallen Ihnen noch einige Ideen zum Thema ein.
4. Wenn Sie den Eindruck haben, dieser Schritt sei jetzt für Sie abgeschlossen, sollten Sie zum nächsten übergehen.

Der zweite Schritt

Der zweite Schritt Ihrer Lebensplanung besteht darin, Ihre Wünsche und Pläne nach einem Planungsgerüst zu ordnen.

Wenn Sie den ersten Schritt Ihrer Lebensplanung gemacht haben, besitzen Sie jetzt eine Liste von Ideen, Vorstellungen und Wünschen darüber, wie Sie leben, wie Sie sein und vermutlich auch, was Sie alles in Ihrem Leben ändern möchten.

Sie haben Ihrer Phantasie freien Lauf gelassen und eine von mehr oder weniger zufälligen Augenblicksimpulsen bestimmte Selbstanalyse erstellt. Worum es jetzt geht, ist die Ordnung dieser Notizen.

Für diese Ordnung ist es notwendig, ein Gerüst zu besitzen, eine Form, in die Sie Ihre Vorstellungen einordnen können. Das Gerüst, das wir Ihnen vorschlagen, soll darüber hinaus aber noch eine weitere wichtige Funktion für Sie erfüllen: Es soll Sie zu einer Gesamtplanung Ihres Lebens ermutigen.

Die meisten von uns neigen dazu, ihre Entscheidungen einseitig zu fällen. In einer Phase, in der sich ihnen berufliche Aufstiegsmöglichkeiten bieten, vernachlässigen sie andere für sie wichtige Lebensbereiche. Etwa ihre Gesundheit oder ihr Familienleben.

Viele von uns lassen von dem Geld, das sie verdienen, ihre Wünsche bestimmen. Je mehr sie verdienen, um so aufwendiger leben sie. Nicht weil das ihrem wirklichen Bedürfnis entspricht, sondern weil sie so sein möchten, wie es andere ihnen vorleben, die mehr Geld besitzen.

Um solche Einseitigkeiten zu vermeiden, sollten Sie in Ihren Lebensplan alle wichtigen Bereiche einbeziehen und berücksichtigen. Alle.

Folgendes empfehlen wir Ihnen: Schreiben Sie jeweils auf eine oder mehrere Seiten Ihres Planungsheftes der Reihe nach die angeführten Fragen:

1.

Was macht mich in meinem Leben wirklich glücklich? Was vermittelt mir persönliche Anerkennung und ein Erfolgserlebnis?

2.

Wieviel Geld brauche ich wirklich, um mir alles das leisten zu können, was ich haben möchte? Verdiene ich dieses Geld jetzt schon? Verdiene ich zu wenig? Oder: Wieviel mehr müßte ich verdienen?

3.

Wie stelle ich mir eine Partnerschaft vor? Was erwarte ich in sexueller Beziehung? Wie will ich mit meiner Familie leben? Worin unterscheidet sich meine derzeitige Partnerschaft, mein Familienleben von diesen Idealvorstellungen?

4.

Bin ich selbstbewußt genug, um meine persönlichen Lebensvorstellungen der Mitwelt gegenüber durchzusetzen? Was sollte ich in diesem Punkt ändern, um mich so verhalten zu können, wie ich möchte?

5.

Lasse ich meiner Phantasie freien Lauf, oder unterdrücke ich sie immer schon von vornherein, nur weil meine Ideen nicht der Norm entsprechen und andere sagen könnten: »Der ist ja verrückt?«

6.

Entspricht mein derzeitiger Lebensstil, wie ich wohne, mich kleide, das Auto, meine Freunde – entspricht das alles meinen tatsächlichen Bedürfnissen, oder lebe ich vorwiegend so, wie es anderen Leuten gefällt?

7.

Tue ich selbst alles, um gesund zu bleiben? Oder gibt es ein paar Dinge, von denen ich sicher bin, daß sie auf Dauer meiner Gesundheit schaden? Was sind das für Dinge, und warum habe ich sie mir bisher nicht abgewöhnt?

Schreiben Sie also diese sieben Fragen jeweils oben auf ein leeres Blatt Ihres Planungsheftes. Dann gehen Sie daran, sie zu beantworten.

Beziehen Sie die Vorstellungen ein, die Sie schon besitzen, nachdem Sie sich mit der Frage auseinandergesetzt haben: »Wer und wie möchte ich wirklich sein?«

Dabei haben Sie vermutlich wahllos aufgeschrieben, was Ihnen in den Sinn gekommen ist. Sie haben sich auf diese Weise daran gewöhnt, alle Ihre zum Teil längst verdrängten Wünsche und Träume hervorzuholen und ein wenig darüber nachzudenken.

Jetzt, beim zweiten Schritt, ordnen Sie diese Vorstellungen in ein Gerüst Ihrer sieben wichtigsten Lebensbereiche ein. Mit Sicherheit werden Ihnen dabei noch manche Wünsche einfallen.

Wenn Sie beim ersten Schritt Ihrer Lebensplanung beispielsweise aufgeschrieben haben: »Ich möchte weniger Geld verdienen, dafür aber mehr Freiheit für Dinge haben, die mir wirklich Freude machen«, dann können Sie diesen Wunsch unter Punkt 2 des Sieben-Punkte-Planungsgerüstes eintragen.

Die früher angeführte Hausfrau würde Ihren Wunsch der Neuorientierung ihrer Partnerschaft unter Punkt 3 notieren. Und so weiter.

Wenn Sie schließlich alle bisherigen Ideen in das Planungsgerüst eingeordnet haben, besitzen Sie die erste Grundlage Ihres Lebensplanes. Sie sind sich darüber klar geworden, wie Sie wirklich sein und wie Sie leben möchten.

Sie wissen allerdings noch nicht, wie Sie das alles erreichen werden.

Es kann deshalb durchaus sein, daß Sie jetzt Zweifel befallen. Vermutlich taucht in Ihrem Denken irgendwann der Satz auf: »Was nützt es mir, wenn ich weiß, was ich erreichen möchte, wenn ich es doch nicht verwirklichen kann?«

Verdrängen Sie diesen Zweifel nicht einfach. Untersuchen Sie ihn vielmehr.

Fragen Sie sich: Warum sage ich »... wenn ich es dann doch nicht verwirklichen kann«, obwohl ich mich bisher noch gar nicht damit beschäftigt habe, *wie* ich es verwirklichen kann?

Machen Sie sich klar, daß jede Verwirklichung eines Vorhabens seine innere Struktur besitzt:

- Zuerst müssen wir wissen, was wir wollen.
- Dann machen wir einen Plan, wie wir es verwirklichen können. Dabei stellen wir vermutlich fest,

daß die eine oder andere unserer Vorstellungen unerfüllbar ist. Also reduzieren wir unseren Plan auf das Machbare.

- Wir teilen unseren Plan in kleine machbare Schritte ein, für die wir uns Termine festlegen.
- Dann gehen wir an die Arbeit mit dem festen Vorsatz: »Ich setze alle meine Kraft ein, es zu verwirklichen. Wenn ich es beim ersten Versuch nicht schaffe, versuche ich es eben ein zweites oder drittes Mal.«

Drei Punkte dieser Struktur liegen jetzt, bei diesem Stand Ihrer Lebensplanung, noch vor Ihnen. Warum also sollten Sie sich durch Zweifel, für die es noch keinen Grund gibt, davon abhalten lassen, in der Planung weiter fortzufahren?

Überprüfen Sie immer wieder die einzelnen Punkte Ihres Planungsgerüstes.

Bringen Sie alle Wünsche und Ziele, die Sie dort notiert haben, mit möglichen Erfordernissen und Zusammenhängen in anderen Bereichen in Verbindung, wie wir es am vorangegangenen Beispiel getan haben.

Stellen Sie Zusammenhänge her.

Entfachen Sie Ihre ganze Phantasie dabei.

Werden Sie nicht ungeduldig, wenn sich nicht sofort sensationelle Ergebnisse einstellen. Sicher ist: Je freudiger Sie dieser Aufgabe nachgehen, um so mehr wird Ihnen einfallen. Andererseits steigt mit den Erfolgen die Freude am Weitermachen.

Arbeiten Sie also möglichst täglich eine halbe oder eine ganze Stunde an dieser Aufgabe. So lange, bis Sie meinen, Sie sollten sich jetzt dem nächsten Schritt Ihres Lebensplanes widmen.

Ermunterung

Wenn Sie den ersten Schritt Ihrer Lebensplanung mit einigem Spaß und dem Gefühl erarbeitet haben, Sie hätten damit etwas für sich gewonnen, wird Ihnen der zweite Schritt sicherlich leichter gefallen sein.

Trotzdem gilt natürlich noch immer, daß Sie sich vor der Ausrede hüten sollten: »Ich habe einfach keine Zeit, mich jeden Tag eine halbe Stunde hinzusetzen, um mich mit diesen Dingen zu beschäftigen.«

Bedenken Sie bei dieser Ausrede bitte eines: Sich täglich dazu zu bringen, eine halbe Stunde für etwas zu verwenden, was Sie für sich selbst tun wollen, bedeutet:

1. Sie erarbeiten dadurch Ihren eigenen Lebensplan Schritt für Schritt und verändern damit vielleicht Ihr Leben auf erstaunliche, nie gewohnte Weise.
2. Sie lernen durch die tägliche Beschäftigung damit auch, sich bewußt und gezielt mit sich selbst zu beschäftigen. Statt, wie Sie es bisher vielleicht getan haben, immer vor sich selbst und Ihren Problemen davonzulaufen. Also ist dies ein zusätzlicher Gewinn für Sie.
3. Wenn Sie erst einmal erste Erfolge bei Ihrer Lebensanalyse spüren, stärkt das Ihr gesamtes Selbst-

bewußtsein. Sie werden plötzlich merken, daß Sie im Umgang mit der Mitwelt viel sicherer sind.

Sind das alles nicht verlockende Gründe, bei der Planung Ihres Lebens weiterzumachen? Versuchen Sie es also auch noch mit dem dritten Schritt.

Der dritte Schritt

Der dritte Schritt Ihrer Lebensplanung besteht darin, aus Ihren Wünschen Pläne zu machen. Beginnen Sie mit dem ersten Punkt Ihres Planungsgerüstes. Er lautet: »Lebensglück und Erfolgserlebnis«

Ehe Sie sich mit diesem Schritt Ihrer Lebensplanung beschäftigen, möchten wir Sie noch einmal daran erinnern: Tun Sie es nicht hastig, beiläufig oder nur als Alibi. Damit Sie nachher vielleicht vor sich selbst die Entschuldigung haben: »Na ja, ich habe es ja probiert, aber herausgekommen ist dabei nicht viel.«

Es wird mit Sicherheit das herauskommen, was Sie an Begeisterung und Ausdauer investieren. Wenn Sie das Vorhaben, Ihr Leben gründlich zu durchleuchten und daraus einen Plan für Ihre Zukunft zu erstellen, vorzeitig aufgeben, ist niemand anderer daran schuld als Sie selbst.

Sich mit einer so ernsthaften Sache ernsthaft beschäftigen zu können, setzt die richtige Atmosphäre voraus. Deshalb sollten Sie jedesmal darauf achten, daß Sie sich an einen ruhigen Platz zurückziehen.

Lesen Sie in diesem Band und in Ihrem Planungsheft. Sagen Sie sich nicht: »Ich muß jetzt unbedingt etwas aufschreiben.« Üben Sie keinen Zwang aus in der Beschäftigung mit sich selbst. Ihre Umwelt setzt Sie schon genug unter Druck, also sollten Sie es nicht auch noch tun.

Beschäftigen Sie sich mit dem nächsten Schritt dieser Anleitung in fröhlicher Ruhe. Denken Sie nach. Sinnieren Sie vor sich hin. Wenn Ihnen Ideen kommen, schreiben Sie sie auf.

Dieser Lebensschule-Band will Ihnen Anregungen geben, aber Sie nicht in ein Schema pressen. Jede eigene Form, die Sie für das Aufschreiben Ihrer Gedanken und Pläne finden, ist richtig.

Ihre Freude an der Selbstfindung und Selbstordnung soll angeregt und keinesfalls eingeengt werden. Nicht wir wissen, was für Sie richtig ist, Sie selbst müssen es herausfinden.

Was wir Ihnen jetzt empfehlen, ist folgendes: Beginnen Sie damit, Ihre Wünsche und Ideen, Träume und Lebensvorstellungen in einen konkreten, überschaubaren Plan zu formen.

Dieser Plan kann die Form eines »Lebensbuches« haben.

Wenn es fertig ist, könnte es auf Ihrem Nachttisch liegen. Immer bereit, um abends darin zu blättern und Ihr Verhalten des vergangenen Tages nach den festgelegten Maßstäben zu überprüfen.

Ihr »Lebensbuch« mit den Maßstäben, die Sie selbst für Ihr zukünftiges Leben aufgestellt haben, könnte zur ständigen Anregung werden, Ihr »Alltags-Ich« mit Ihrem »Ideal-Ich« zu vergleichen und daraus täglich Trost und Anregung zu gewinnen, wie Sie am folgenden Tag einiges besser machen können.

Denn – und das sollten Sie nicht vergessen – was wir aufgeschrieben haben, gibt uns einen um ein Vielfaches stärkeren Halt für das Handeln im Alltag. Was wir uns nur in Gedanken vornehmen, verändern wir ständig nach unseren Launen und Schwächen. So orientieren wir oft unsere Maßstäbe nach unseren Schwächen, statt unsere Schwächen nach festgelegten Maßstäben auszurichten.

Solche Maßstäbe festzulegen, damit Sie sich daran festhalten können – das ist der Sinn des Lebensplans.

Bisher haben Sie sich bei diesem Vorhaben damit beschäftigt, welche Wünsche und Vorstellungen Sie für Ihr zukünftiges Leben haben. Sie haben längst verdrängte Träume neu belebt, alles aufgeschrieben und in ein Sieben-Punkte-Gerüst von Lebensbereichen eingeordnet.

Wie möchte ich sein? Was möchte ich sein? Welche Vorstellungen habe ich in den einzelnen Lebensbereichen? – das war bisher die Fragestellung.

Von jetzt an beschäftigen wir uns damit, auf welche Weise Sie diese Vorstellungen *verwirklichen* können. Das bedeutet:

- Wir überprüfen zuerst, ob eine Wunschvorstellung mit den uns zur Verfügung stehenden Möglichkeiten realisierbar ist.
- Wenn nicht, vergessen wir sie. Wenn ja, definieren wir die Zielsetzung konkret.
- Dann beschreiben wir den Weg, wie wir dieses Ziel erreichen wollen. Wir legen auch einen Termin dafür fest.
- Als nächsten Schritt teilen wir diesen Weg in kleine machbare Schritte ein.

Alles das legen wir schriftlich in unserem Lebensplan fest.

Wenn Sie Ihre Notizen bisher in dem Arbeitsheft gemacht haben, sollten Sie nun überlegen, ob Sie die weitere konkrete Planung nicht in einem Ringbuch mit starkem Umschlag vornehmen wollen.

Sie könnten darin die Blätter erneuern, wenn Sie neue Ideen in Ihre Planung einfügen wollen. Die Form dieses »Lebensbuches« ist flexibel.

Das Grundgerüst Ihrer Planung bleibt weiter das Sieben-Punkte-Planungsgerüst.

Lassen Sie es uns in klaren Stichworten noch einmal wiederholen:

1. Lebensglück und Erfolgserlebnis
2. Geld und Verdienst
3. Partnerschaft und Familie
4. Selbstbewußtsein und Durchsetzungsvermögen

5. Phantasie
6. Lebensstil und Bedürfnisse
7. Gesundheit.

Schreiben Sie in Ihrem neuen Ringbuch diese Stichworte jeweils auf eine leere Seite. Groß und deutlich. Als ständige Richtlinie dafür, daß Sie Ihr Leben nach den Maßstäben orientieren wollen, die auf den Seiten festgelegt sind, die dieser Titelseite jeweils folgen.

Beginnen Sie mit der konkreten Planung des Lebensbereiches eins:

Lebensglück und Erfolgserlebnis

Hier ist, als mögliche Anregung für Sie, der Auszug aus dem Lebensbuch eines Teilnehmers an einem Seminar der Lebensschule. Es handelt sich um einen 38 Jahre alten Angestellten einer Versicherungsgesellschaft, geschieden, Vater von zwei Kindern.

Er ordnete seinen Plan nach empfohlener Anleitung:

1. Definieren Sie Ihr Ziel, wenn Sie sich entschieden haben, daß ein Wunschtraum für Sie in den kommenden Jahren tatsächlich machbar ist. Definieren Sie es knapp und konkret, und fixieren Sie einen Termin.
2. Legen Sie den Weg fest, wie Sie das Ziel erreichen wollen.
3. Teilen Sie diesen Weg in kleine machbare Schritte ein.

Definition des Ziels

Bis zu meiner Scheidung sah ich mein einziges Lebensglück darin, alles für meine Frau und meine Familie zu tun. Das Opfern meiner eigenen Wünsche machte mich scheinbar am glücklichsten.

Jetzt weiß ich, daß meine Ehe daran gescheitert ist, daß ich zu wenig egoistisch war. Ich wurde ausgenützt. Und wer sich ausnützen läßt, vor dem verlieren die anderen bald jeden Respekt. Mein Ziel ist es deshalb, zukünftig mein Glück in einem neuen, positiven Egoismus zu finden.

Konkret bedeutet dies für mich: Bei allem, was ich in Zukunft tue, frage ich mich nicht mehr wie bisher: »Was kann ich dem anderen Gutes tun?«, sondern ich frage mich zuerst: »Was macht *mich* daran glücklich?«

Terminierung

An dieses Umdenken will ich mich ein Jahr lang durch tägliche bewußte Übung erst einmal gewöhnen. Und zwar werde ich mir an jedem Abend in meinem Tagebuch darüber Rechenschaft ablegen, wie oft ich am vergangenen Tag wieder in meine alte Opfer-Rolle zurückgefallen bin und wie oft ich mich bei einer Entscheidung gefragt habe: »Was macht *mich* daran glücklich?«

Dieses Beispiel eines Teilnehmers an einem Lebensschule-Seminar betrifft ein grundsätzliches Problem seiner Lebenseinstellung nach dem Scheitern seiner Ehe.

Andere Teilnehmer schrieben in ihre Planungsbücher Zielsetzungen wie diese:

- Mein größtes Glück ist, eine Arbeit so zu machen, daß ich selbst damit zufrieden bin – gleichgültig, ob andere es anerkennen oder mich sogar kritisieren.
- Mein größtes Erfolgserlebnis ist, an jedem Tag meines Lebens wenigstens ein einziges Mal etwas zu tun, das ich tun will, egal, ob es anderen gefällt.
- Mein Glück ist es, mir bis zum Juli nächsten Jahres ein Segelflugzeug selbst gebaut zu haben. Damit werde ich etwas leisten, was mir niemand zugetraut hätte.

Ob es sich um die grundsätzliche Veränderung der Einstellung zum persönlichen Lebensglück handelt oder um ein Jahresziel, wichtig erscheint vor allem, daß es definiert und aufgeschrieben ist.

Versuchen Sie es, nachdem Sie diese Beispiele gelesen haben, selbst.

Gehen Sie dabei von der Frage aus: Wie kann ich das, was mich glücklich macht, praktisch erreichen? Was muß ich tun? Welche Schritte lege ich fest, die mich schließlich ans Ziel führen?

Gleichgültig, wie lange Sie dazu brauchen, sich mit Ihren Zielen im Bereich »Lebensglück und Erfolgserlebnis« zu beschäftigen – lassen Sie sich Zeit.

Es kann Stunden, Tage oder Wochen dauern.

Wichtig ist allein, daß Sie sich täglich mindestens eine halbe Stunde dafür Zeit nehmen. Auch wenn Sie anfangs Schwierigkeiten dabei haben, Ihr Ziel zu formulieren. Versuchen Sie es so lange, bis Sie damit zufrieden sind.

Nur wenn Sie spüren, daß es mit diesem ersten Punkt des Planungsgerüstes wirklich nicht weitergeht, sollten Sie es vorerst mit dem nächsten versuchen.

Hier noch einige Hinweise zum Lebensbereich »Glück und Erfolgserlebnis«:

Vergessen Sie nicht, daß es hier einzig und allein um Ihr ganz persönliches Glück geht, über das Sie selbst bestimmen können.

Wenn Sie also sagen: »Mein größtes Glück ist es, meine Kinder glücklich zu sehen« oder: »Mein größtes Erfolgserlebnis ist es, von meinem Vorgesetzten gelobt zu werden«, dann sind das Vorstellungen, in denen Sie von anderen Menschen abhängig sind.

So müssen Sie beispielsweise zuerst Ihrem Vorgesetzten ein Erfolgserlebnis verschaffen, ehe er Sie lobt – und damit Sie glücklich macht.

Ein geschickter Vorgesetzter aber wird eine solche Abhängigkeit von Lob und Tadel dazu benützen, um Sie im Sinne seiner eigenen Zielsetzungen zu manipulieren:

- Er kritisiert Sie vielleicht nur deshalb, um noch ein wenig mehr an Leistung aus Ihnen herauszuholen, weil er mit Hilfe Ihrer Leistung vor seinem Vorgesetzten gut dastehen möchte.
- Oder er lobt Sie aus rein taktischen Gründen. Etwa, um einen Ihrer Kollegen eifersüchtig zu machen.

»Glück und Erfolgserlebnis« als persönliches Lebensziel soll aber nicht nur von Ihrer eigenen Leistung abhängig sein, sondern auch von Ihrer eigenen Beurteilung.

Wenn also ein Lebensschule-Teilnehmer beschließt, sich selbst Glück und bei der Mitwelt Anerkennung zu verschaffen, indem er ein Segelflugzeug baut, geschieht es durch seine Leistung.

Sein eigenes Glück davon abhängig zu machen, ob wir andere Menschen glücklich machen, mag ein lobenswertes Vorhaben sein. Aber nicht selten erziehen solche Menschen ihre Mitwelt dazu, sie auszunützen.

Jeder, den wir glücklich machen müssen, um selbst glücklich zu sein, braucht uns nur vorzutäuschen, daß wir noch viel mehr als bisher für ihn tun müssen, damit er uns endlich mit einem »Dankeschön, jetzt bin ich glücklich« belohnt.

Überlegungen wie diese sollten Sie anstellen, wenn Sie Ihre Zielvorstellung festlegen und einen Plan der Verwirklichung erarbeiten.

Keineswegs sollten Sie dabei unter allen Umständen nach scheinbar großartigen und schwierigen Dingen Ausschau halten.

Manche Menschen suchen Erfolgserlebnis und Anerkennung sehr oft durch den Vergleich mit anderen, statt ihre eigenen Bedürfnisse zu überprüfen. Dabei können sie eine bisher völlig vernachlässigte Vorstellung als viel wichtiger erkennen als so manches scheinbar Große, um das sie jahrelang jemand anderen beneiden.

»Mein größtes Glück werde ich von heute an darin suchen, an jedem Abend fröhlich einzuschlafen«, schrieb ein Lebensschule-Teilnehmer in sein »Lebensbuch«. Und weiter: »Ich will dieses Ziel erreichen, indem ich in jeder Minute des Tages nichts anderes, aber auch gar nichts anderes erstrebe als mein eigenes Glück.«

Auch wenn für jemand anderen diese Zeilen selbstsüchtig, abstrakt oder banal klingen mögen, für diesen Menschen war es die Entdeckung einer völlig neuen Sicht seines Lebens.

Ermunterung

So seltsam es auch klingt, aber es gibt kaum jemanden, der nicht größte Schwierigkeiten dabei hätte, darüber nachzudenken, wodurch er Glück, Erfolgserlebnis und Anerkennung erringen will.

Wir versuchen es vorwiegend auf dem Umweg über andere. Wie ein Schüler, der nur deshalb lernt, damit der Lehrer ihn lobt und die Eltern nicht böse auf ihn sind.

Sicherlich, der Schüler mag ein gewisses Erfolgserlebnis daraus gewinnen, daß Lehrer und Eltern mit ihm zufrieden sind. Man läßt ihn dadurch in Ruhe.

Aber kann es uns wirklich glücklich machen, nur wenn man uns in Ruhe läßt? Wenn wir nicht anekken. Wenn wir das tun, was andere von uns erwarten?

»Was macht mich ganz persönlich glücklich, weil ich es aus mir für mich tue und selbst den Maßstab festlege?« – das ist das Kriterium der Überlegungen rund um diesen ersten Lebensbereich.

Allein dies zu erkennen, ist ein außergewöhnlicher Fortschritt für Sie.

Sie stellen sich damit selbst in den Mittelpunkt Ihres Lebensplans. Damit erfüllen Sie eine wichtige Voraussetzung dafür, Ihr Leben zum Besseren zu verändern.

Der vierte Schritt

Der vierte Schritt Ihrer Lebensplanung besteht darin, für den Bereich »Geld und Verdienst« Ziel und Weg zur Verwirklichung festzulegen.

Seinen Lebensplan zu erarbeiten bedeutet, immer wieder in sich hineinzuhorchen, statt darauf zu achten, was die Umwelt von uns erwartet. Daran sollten Sie sich erinnern, ehe Sie sich damit beschäftigen, auf welche Weise und bis wann Sie Geld und Verdienst mit Ihren anderen Vorstellungen in Einklang bringen.

Vielleicht lautet eines Ihrer Ziele, die Ihnen Glück und Erfolgserlebnis bringen sollen: »Ich will meine eigene Wohnung, um endlich meinen persönlichen Lebensbereich gestalten zu können.«

Das bedeutet, daß Glück und Geld bei Ihrer Lebensplanung in sehr engem Zusammenhang stehen. Sie brauchen genügend Geld, um sich die Wohnung – vielleicht ist es auch ein Haus, eine Weltreise oder ein anderer für Sie wichtiger materieller Wert – anschaffen bzw. leisten zu können.

Nur wenige Menschen begnügen sich damit, die Höhe ihres Verdienstes nach den Kosten ihrer Bedürfnisse zu orientieren. Das ausschließliche Ziel des Geldverdienens lautet: Ich will immer mehr verdienen – egal, ob ich so viel brauche oder nicht. Irgendwie werde ich dafür schon Verwendung haben.

Es ist kein Wunder, wenn diese Strategie des Geldverdienens das Leben eines Menschen in eine ganz bestimmte Systematik zwingt. Sie funktioniert auf einfache Weise:

- Der Maßstab des Handelns ist einzig und allein die Höhe des Verdienstes. Auch wenn ein neues Angebot mit mehr Geld vielleicht weniger Freude an der Arbeit mit sich bringt, wird es angenommen.
- Mehr Geld zu verdienen ist längst kein Bedürfnis mehr, es ist Prestige. Bald genügt es nicht mehr, nur ganz einfach immer mehr Geld zu machen – man will mehr Geld als die Konkurrenten in diesem Wettstreit um den Lebensmaßstab Geld.
- Je härter dieser Wettstreit wird, um so weniger bleiben dem Betroffenen Zeit und Möglichkeit dafür, sich in anderen Lebensbereichen weiterzuentwickeln. Etwa auf seine Gesundheit zu achten. Oder den Kontakt zur Familie zu erhalten. Auf diese Weise baut er in anderen Bereichen Voraussetzungen ab, die er mit Geld nicht aufwiegen kann.

Seine Ziele für den Lebensbereich »Geld und Verdienst« festzulegen bedeutet deshalb, sie mit den eigenen tatsächlichen Bedürfnissen in Einklang zu bringen. Statt sich von einer Systematik abhängig zu machen, die von anderen Leuten gelenkt wird.

Hier ist das Beispiel eines 27 Jahre alten Vertreters einer Computerfirma, der nach einem Lebensschule-Planungsseminar zu folgender Zielsetzung gelangte:

Mir ist klar geworden, daß ich mit der Hälfte meines Verdienstes viel glücklicher sein könnte, als mit meinem derzeitigen Gehalt.

Mein Verdienst hängt von meiner Leistung ab, und die Leistung wird von meiner Firma bestimmt. Sie zwingt uns in ein Schema des Wettbewerbs, in dem jeder gegen jeden kämpfen muß. Meine eigenen Bedürfnisse spielen dabei keine Rolle.

Mein Ziel, nachdem ich dies klar erkannt habe, lautet: Ich will noch zwei Jahre wie bisher weiterarbeiten. In dieser Zeit konzentriere ich mich ganz auf die höchste mir mögliche Leistung.

Mit dem Verdienst in dieser Zeit schaffe ich mir drei Grundlagen tatsächlicher persönlicher Bedürfnisse:

- Ich richte meine Wohnung fertig ein, damit ich mich darin wohl fühle.
- Ich lege 30 Prozent meines Verdienstes wertgesichert gut an, um mir damit eine Rücklage für später zu schaffen, wenn ich mir eine Tätigkeit mit weniger Leistungsdruck und mehr persönlicher Freiheit suche. Die entsprechende Entscheidung fälle ich in zwei Jahren.

- Bis dahin verzichte ich auf alles, was in meinem Leben nur auf Prestige ausgerichtet war. Vor allem auf den Sportwagen, dessen Kosten in keinem Verhältnis zu meinem tatsächlichen Bedürfnis stehen.
- Da das Sparen jetzt für mich einen langfristigen Sinn hat, fallen für mich auch die aufwendigen abendlichen Einladungen fort.

Dieses Beispiel aus dem Leben eines Seminarteilnehmers zeigt deutlich den Ablauf einer inneren Entwicklung:

1. Zuerst wurde ihm bewußt, welchen Stellenwert Geld und Verdienst für ihn hatten. Er kam zu dem Schluß, daß das Verdienen sein gesamtes Leben beherrschte.
2. Durch diese Erkenntnis angeregt, begann er darüber nachzudenken, was er daran ändern könnte, und wie er tatsächlich sein möchte.
   Er beschloß, in Zukunft das Leben vorwiegend nach seinen eigenen Vorstellungen zu führen und weniger nach den Verlockungen des Leistungswettbewerbes und eines daraus resultierenden Prestigedenkens.
3. Nun begann er sich damit auseinanderzusetzen, wie er denn dies ändern könnte. Er kam zu dem Schluß, noch zwei Jahre lang zu arbeiten, um die Voraussetzungen für einen seinen tatsächlichen Bedürfnissen entsprechenden Lebensstil zu schaffen.

Wie Sie deutlich erkennen können, entwickelt sich aus dem Nachdenken über sich selbst ein konkreter

Wunsch zur Selbstveränderung. Daraus wieder entsteht der Plan, wie dies geschehen soll.

Versuchen Sie diese Zusammenhänge an sich selbst zu beobachten, wenn Sie Ihren persönlichen Plan im Lebensbereich »Geld und Verdienst« entwickeln und in Ihr neues »Lebensbuch« schreiben.

Ermunterung

Es ist für die meisten Menschen eine schwierige Sache, sich von der allgemein üblichen Einstellung zu »Geld und Verdienst« zu distanzieren.

Also nicht mehr davon auszugehen, daß es ganz normal ist, immer größeren Verdienst anzustreben.

Sondern sich mit der Vorstellung anzufreunden, daß wir das Geldverdienen unseren Bedürfnissen unterordnen.

Dabei sollte gerade diese Vorstellung »normal« sein. Denn in jungen Jahren brauchen wir mehr Geld, um uns unseren Lebensbereich zu schaffen. In späteren Jahren, wenn wir die Voraussetzungen mit Umsicht aufgebaut haben, müßten wir eigentlich mit viel weniger Geld leben können. Selbstverständlich auch mit weniger Leistung.

Warum tun wir es nicht?

Weil wir später nicht mehr imstande sind, uns vom Leistungs- und Prestigedenken zu lösen. Wir meinen, je älter wir sind, um so mehr Prestige müßten wir vor der Umwelt besitzen.

Und Prestige ist gleichbedeutend mit Geld und Verdienst.

Wir haben uns daran gewöhnt, das Zurückgehen im Verdienst, das Genießen nach dem Leisten als eine Art Niederlage vor der Mitwelt anzusehen. Einen kleineren Wagen zu fahren, so denken viele Menschen, würde uns vor der Mitwelt als Niederlage angerechnet.

Vernünftig nach dem Prinzip zu leben »Zuerst Arbeiten und Aufbauen – dann das Erworbene genießen« ist für viele Menschen nicht gesellschaftsfähig.

Wenn Sie also Ihre Zukunft im Lebensbereich »Geld und Verdienst« planen, sollten Sie zumindest diese Alternative für sich in Erwägung ziehen.

Der fünfte Schritt

Der fünfte Schritt Ihrer Lebensplanung besteht darin, Ziel und Weg im Lebensbereich »Partnerschaft und Familie« festzulegen.

Ehe Sie sich mit diesem Schritt Ihrer Lebensplanung befassen, vergessen Sie nicht, zwei Anregungen zu beachten:

1. Betrachten Sie das Ziel Ihrer Vorstellungen von Ihrer eigenen Warte aus. Fragen Sie nicht ständig, ob das, was Sie erreichen möchten, anderen Leuten gefällt.
2. Schauen Sie in sich hinein, statt auf Ihre Umwelt. Beginnen Sie damit schon jetzt, wo Sie diesen Band in der Hand halten.

Machen Sie es sich bequem. Legen Sie die Hast des Tages ab, wenn Sie sich, wie jetzt, mit sich und Ihrer Zukunft beschäftigen. Auch wenn Sie schon längst nicht mehr an Ihrem Lebensplan arbeiten, sollten Sie diese Gewohnheit beibehalten.

Die Gewohnheit, sich wenigstens einmal an jedem Tag eine halbe Stunde zurückzuziehen und in positiver Weise an sich und die Vorstellungen für Ihr Leben zu denken.

Nehmen Sie dieses »Zurückziehen« ernst. Ziehen Sie sich in sich selbst zurück, um sich immer besser kennenzulernen. Um zu lernen, mit sich selbst freundlich umzugehen. Um dabei Sicherheit zu gewinnen.

In keinem anderen Lebensbereich ist die Heuchelei so verbreitet wie im Bereich »Partnerschaft und Familie«.

Man heuchelt funktionierendes Zusammenleben und lebt doch nebeneinander her. Man findet sich damit ab, daß es eben nun einmal so ist.

Man spielt den braven Vater, die liebende Ehefrau oder auch das folgsame Kind. In Wahrheit aber will jeder dem anderen seine Vorstellungen aufzwingen.

Und wissen Sie, was dabei die größte Rolle spielt? Nichts anderes als Unsicherheit und das unentwegte Bemühen, es sich nicht anmerken zu lassen.

Unsicherheit beginnt bei der Unklarheit darüber, was wir eigentlich wollen. Wenn wir nicht wissen, was wir wollen, müssen wir durch scheinbare Stärke vortäuschen, wir wüßten es.

Je mehr wir allerdings scheinbare Stärke vortäuschen, um so mehr verstricken wir uns in Heuchelei.

Bis wir schließlich selbst ihr Opfer werden.

Wir machen uns vor, daß wir so sind, wie man es von uns erwartet, oder wie wir gerne sein möchten. Obwohl wir in unserem Innersten ganz genau wissen, wie unsicher wir sind. Einer der vielen Gründe, seinen eigenen Lebensplan zu erarbeiten und schriftlich niederzulegen, besteht darin, uns klar zu werden, was wir wollen.

Darauf können wir unsere Selbstsicherheit bauen.

Diese innere Sicherheit wird sich in unserem Handeln widerspiegeln. Vorausgesetzt, wir bekennen uns auch zu unseren Maßstäben.

Beginnen Sie die Klärung der Ziele im Bereich »Partnerschaft und Familie« mit der Frage:

- Was erwarte ich mir davon?

Vielleicht haben Sie schon einiges darüber aufgeschrieben. Lesen Sie es nach. Überdenken Sie es neu und unter den Aspekten, die sich seither neu für Sie ergeben haben. Fragen Sie sich:

- Was erwarte ich mir von meinen Partnerschaften?
- Was erwarte ich mir von meinen Freunden?
- Was erwarte ich mir von meinem Ehepartner?
- Wie will ich mein Familienleben führen?

Stellen Sie sich diese Fragen ohne Umschweife und machen Sie nicht den Fehler, um die Antworten herumzudenken. Oder die Realität mit dem Plan zu verwechseln.

Die Realität mit dem Plan verwechseln würde bedeuten, daß Sie denken, was Sie möchten, aber die Zielvorstellung sofort damit unterdrücken, daß Sie sich sagen: »In der Realität geht das ja doch nicht.« Oder: »Denken kann ich das ja, aber im Leben schaut das ganz anders aus.« Eines sollten Sie sich in dieser Hinsicht immer vor Augen halten:

- Ihr Lebensplan soll Ihr Vorbild, Ihre Idealvorstellung sein, die Sie – zugegebenermaßen – vielleicht niemals vollkommen erreichen können.
- Aber Sie sollen sich an diesem eigenen, Ihrem ganz persönlichen Idealbild immer messen und daran aufrichten können.
- Wenn Sie Kompromisse machen, dann in der Praxis des Lebens, aber nicht mit Ihren Vorstellungen.

Denn eines steht außer Zweifel: Nichts erfordert mehr die Fähigkeit, Kompromisse zu machen, als das Zusammenleben mit anderen Menschen.

Die Frage ist allerdings: Mache ich Kompromisse von einer starken und klaren eigenen Position aus. Oder zwingen mir meine Partner immer *ihre* Vorstellung auf. Und zwar nur deshalb, weil sie ganz genau wissen, was sie wollen; ich aber habe immer nur eines im Sinn: »Es mir mit niemandem zu verderben und lieber nachzugeben, als mich unbeliebt zu machen.«

Wenn Sie also in Ihr »Lebensbuch« schreiben, was Sie sich von Partnerschaft und Familienleben, von Sex, von Ihren Freunden, Ihren Kindern oder Eltern erwarten, dann sollten Sie unbedingt das aufschreiben, was Sie wirklich wollen. Auch wenn es im Augenblick so scheint, als sei es schwer möglich, es in die Tat umzusetzen.

Wenn Sie erst Ihre Vorstellung konkret formuliert und damit begonnen haben, sich damit zu identifizieren und über Lösungen nachzudenken, wenn Sie Ihr großes Ziel festgelegt und die kleinen Schritte ins Auge gefaßt haben, wie Sie es erreichen wollen, dann werden Sie vermutlich schon ganz anders darüber denken.

Die Kraft zur Verwirklichung eines Zieles steigt mit der zunehmenden Vorstellung, wie man es verwirklicht.

Hier ist das Beispiel einer Ehefrau, die bei einem Seminar der Lebensschule folgendes aufschrieb:

Mein Plan

Ich liebe meinen Mann, und ich bin sicher, auch er liebt mich. Nur ein einziges Problem trübt in all den Jahren unsere Partnerschaft: Die beiderseitigen Hemmungen im sexuellen Bereich.

Ich bin fest entschlossen, mich nicht mehr damit abzufinden, »daß das nun einmal so ist«, oder darauf zu warten, daß mein Mann etwas unternimmt. Ich werde auch nicht mehr das Argument gebrauchen: »Ich als Frau kann da doch nichts tun, das ist Sache des Mannes.«

Ich will – um dies hier eindeutig und schriftlich festzuhalten – mein Sexualleben so gestalten, daß es mir jene Befriedigung verschafft, die ich mir erwarte.

Der Weg

Nach langen Gesprächen in der Gruppe des Lebensschule-Seminars entschloß ich mich für folgenden Plan: Ich werde mich Schritt für Schritt darin üben, meinen Mann zu verführen. Dazu werde ich ungehemmt meine ganze Phantasie einsetzen. Statt sie, wie bisher, als »abwegig« oder »schamlos« zu unterdrücken.

Die kleinen Schritte

Ich werde in Zukunft unsere sexuelle Beziehung nicht nur darin sehen, daß wir es im Schlafzimmer möglichst schnell miteinander tun. Ich betrachte vielmehr dieses Beisammensein als die letzte Phase eines erotischen Vorgangs.

Dieser Vorgang braucht seine Zeit des sich Näherkommens. Ich werde deshalb meinen Mann nicht mehr bei allen möglichen Gelegenheiten flüchtig küssen. Sondern ich werde jeden Kuß dazu benützen, eine kleine Erregung damit zu bewirken.

Ich werde auch ganz gezielt körperliche Berührung suchen.

Unser Beisammensein werde ich auf das Prinzip von Anbieten und Entziehen aufbauen. So verzögere ich unser Beisammensein und lerne das Gefühl für das Auskosten der Erregung.

Ich werde sehr vorsichtig zuwege gehen und mit meinem Mann erst darüber offen reden, wenn die richtige Gelegenheit gekommen ist.

Ich fühle mich sehr erleichtert, weil ich zu allen diesen Schlußfolgerungen und Entscheidungen gekommen bin und sehe eine reelle Chance, endlich ein Problem zu lösen, das mich jahrelang beschäftigt...

Hier noch eine Anregung für Ihre Beschäftigung mit dem Lebensbereich »Partnerschaft und Familie«: Stellen Sie eine Liste aller Menschen in Ihrer Umwelt auf, mit denen Sie immer zu tun haben.

Partnerschaft besteht schließlich nicht allein zwischen Ehepartnern. Auch die Beziehung zu Eltern, Kindern, Freunden, Kollegen gehört dazu.

Sie sollten alle Menschen einschließen, die für Sie wichtig und für die Sie wichtig sind.

Überdenken Sie alle diese Beziehungen der Reihe nach.

Tun Sie es konkret.

Wenn Sie zu dem Schluß kommen, eine Partnerschaft bringe Ihnen genau das, was Sie davon erwarten, setzen Sie ein Pluszeichen hinter den Namen.

Wenn Sie meinen, an einer Beziehung sollten Sie einiges ändern, denken Sie ganz konkret darüber nach, was es sein soll und wie Sie zum Ziel kommen wollen. Vielleicht nicht schon morgen oder übermorgen, sondern in kleinen Schritten. Nach einem Plan, den Sie schriftlich in Ihr »Lebensbuch« schreiben.

Die Zeit, die Sie jetzt mit der Planung aller dieser Dinge verwenden, ersparen Sie sich vermutlich tausendfach in den kommenden Jahren. Sie sparen Zeit, aber auch Energie. Denn es kostet Sie viel Energie, wenn Sie jahrelang das immer wieder auftauchende Unbehagen einer ungeklärten Beziehung mit sich herumtragen.

Mit der Klärung solcher Probleme sollten Sie bei sich und den Menschen beginnen, mit denen Sie ständig zusammenleben, also Ihren Partnern und Ihrer Familie.

Eine Liste aller meiner Bekannten aufstellen? Mir über jeden einzelnen von ihnen Gedanken machen? Vielleicht entmutigt Sie diese Vorstellung und Sie sind in Versuchung zu sagen: »Das ist mir zu viel Mühe.« Oder: »Was soll das alles, irgendwie ist es mit diesen Leuten bisher doch ganz gut gegangen.«

Irgendwie.

Natürlich ist es jedermanns eigene Entscheidung, ob er täglich »irgendwie« lebt oder so, wie er es sich konkret vorstellt. Wie es auch die eigene Sache eines Menschen ist, ob er an jedem Tag seines Lebens nur »ein bißchen glücklich« ist oder das Beste aus sich und seinem Leben macht.

Sicherlich ist es mühevoll, so etwas wie eine Inventur mit sich und seinen Lebenspartnern zu machen, wenn man die Probleme bisher immer vor sich hergeschoben und sich nie richtig damit auseinandergesetzt hat.

Sie selbst müssen wissen, ob Sie es weiter so handhaben wollen, oder ob Sie sich nicht die Zeit nehmen wollen, jetzt einiges in Ihrem Leben zum Besseren zu ändern.

Um es noch einmal zu wiederholen: Die Zeit, die Sie jetzt dafür aufwenden, ersparen Sie sich später tausendfach. Zeit, Energie und viel Ärger.

Gehen Sie nicht zum nächsten Schritt weiter, ehe Sie nicht diese Frage gründlich überdacht haben.

Der sechste Schritt

Der sechste Schritt Ihrer Lebensplanung besteht darin, Ziel und Weg für Ihr »Selbstbewußtsein und Durchsetzungsvermögen« festzulegen.

Wenn es um unser Selbstbewußtsein geht, meinen erstaunlich viele Menschen, das hätte man, oder man hätte es eben nicht. So, als wäre es eine Art Schicksalsfügung, mit der man sich abzufinden hat.

Tatsache ist, daß jeder von uns seine Persönlichkeit, sein Selbstbewußtsein und die Fähigkeit, sich der Mitwelt gegenüber durchzusetzen, bilden und trainieren kann. Jawohl, trainieren. Wie ein Bodybuilder seine Muskulatur durch gezielte Übungen formt.

Die Voraussetzung dafür allerdings ist – und dies kann gar nicht oft genug wiederholt werden –:

1. Wir müssen uns konkret darüber im klaren sein, was wir wirklich wollen.
2. Wir müssen eine klare Entscheidung fällen, auch zu verwirklichen, was wir wollen, und uns damit identifizieren.
3. Wir müssen uns täglich mit uns selbst beschäftigen und immer wieder einüben, was wir uns zum Ziel gesetzt haben.

Die Grundlage aller dieser Bemühungen ist der »Plan«. *Ihr* Plan!

Niemand anderer sollte und könnte ihn für Sie erstellen. Denn niemand anderer ist in Wahrheit daran interessiert, daß Sie in Ihrer Persönlichkeit stark, in der Verwirklichung Ihrer Ziele konsequent und in der Beurteilung der Umwelt kritisch sind.

Dies ist verständlich. Denn jeder Mitmensch - auch jene, die uns lieben - möchten ja in gewissem Maße, daß wir das tun, was sie von uns erwarten. Je konsequenter wir aber unsere eigenen Ziele kennen und verfolgen, um so weniger werden wir ungeprüft die Wünsche anderer erfüllen.

Dies ist nur ein Hinweis auf die Frage nach unserem Selbstbewußtsein.

Womit sollen Sie anfangen bei der Beschäftigung mit diesem Lebensbereich?

Fangen Sie damit an, daß Sie nachblättern, was Sie bei der ersten Auseinandersetzung damit aufgeschrieben haben. Erinnern Sie sich?

Im zweiten Schritt Ihrer Lebensplanung regten wir Sie an, sich zu fragen: »Bin ich selbstbewußt genug, um meine persönlichen Lebensvorstellungen der Mitwelt gegenüber durchzusetzen? Was sollte ich in diesem Punkt ändern, um mich so verhalten zu können, wie ich möchte?«

Jetzt geht es darum, Ihre Zielsetzungen und die Schritte zu deren Verwirklichung in Ihrem »Lebensbuch« schriftlich festzulegen.

»Selbstbewußtsein und Durchsetzungsvermögen« betreffen drei Komponenten:

- Uns selbst
- Aufgaben, die wir uns stellen
- Andere Menschen, die uns bei der Verwirklichung unserer Vorstellungen hinderlich sind. Oder die uns dabei helfen sollen.

Was also ist es, das Sie daran hindert, Dinge zu verwirklichen, die Sie verwirklichen möchten?

Hier ist wieder das Beispiel eines Teilnehmers an einem Planungsseminar der Lebensschule. Eines 46 Jahre alten Lehrers. Er schrieb in sein »Lebensbuch«:

Mein Problem

Ich bin seit 20 Jahren Lehrer und habe noch immer vor zwei Dingen die größte Angst: vor meinem Direktor und vor der Klasse. Nach gründlicher Überlegung bin ich zu dem Schluß gekommen, daß mein fehlendes Selbstbewußtsein auf meine zu enge Denkungsweise zurückzuführen ist.

Ich klammere mich daran, wie ich mich als Lehrer verhalten »soll« und habe ständig Angst, daß ich dieser Vorstellung nicht gerecht werden könnte.

Mein Plan

Ich besitze jetzt in meinem »Lebensbuch« eine konkrete Grundlage für meine tatsächliche Ich-Einschätzung. Ich weiß jetzt, was ich mir zutrauen kann und was nicht. Diese Klärung hat zu meiner Entscheidung geführt, mich zu mir selbst zu bekennen.

Diese Entscheidung macht mich sicher. Ich werde deshalb nie wieder eine Klasse oder das Zimmer meines Direktors mit der bisherigen Überlegung betreten: »O Gott, hoffentlich mache ich alles richtig. Hoffentlich mache ich mich nicht lächerlich.«

Vielmehr werde ich diese Angstformel durch eine positive ersetzen.

Die kleinen Schritte

Von heute an werde ich an jedem Tag folgendes tun:

a) Morgens, wenn ich aus dem Bett steige, denke ich: »Ich freue mich auf diesen Tag. Ich freue mich auf die Schule, weil ich weiß, daß mir nichts passieren kann. Ich bin ich, und ich bin stark.«
b) Beim Betreten der Schule denke ich: »Ich bin froh, hier zu sein, weil mir der Umgang mit den Schülern Freude macht. Ich lasse diese Freude aus mir heraus, damit die anderen sie spüren. Das macht mich stark und sicher.«
c) Wann immer ich dem Direktor begegne, lache ich nach außen und nach innen. Ich denke an den Tag im vergangenen Jahr, als er beim Wandertag im Regen ausrutschte und der Länge nach in eine Pfütze fiel.

Diese drei Übungen zum Training meines Selbstbewußtseins und Durchsetzungsvermögens mache ich mit aller Konsequenz an jedem einzelnen Tag, bis sie mir in Fleisch und Blut übergegangen sind.

Dies ist ein gutes Beispiel dafür, wie ein von Unsicherheit geplagter Lehrer seinen persönlichen Weg zum Training des Selbstbewußtseins entdeckte und im »Lebensbuch« festhielt.

Als er erst einmal erkannt hatte, daß die Lösung in der Richtung lag, die er selbst – und nur er selbst – seinen Gedanken gab, stand für ihn auch fest, was er tun wollte.

Die Grundlage seiner Erkenntnisse allerdings war das, was er seine neue »Ich-Einschätzung« nannte. Er hatte damit begonnen, »in sich hineinzuhorchen«. Allmählich war ihm dabei klar geworden, wer er wirklich war und was er wirklich wollte.

Vielleicht helfen Ihnen diese Hinweise dabei, Ihre eigenen Zielvorstellungen im Bereich »Selbstbewußtsein und Durchsetzungsvermögen« zu erarbeiten.

Vergessen sollten Sie dabei nicht, daß Sie diesen Bereich in Ihren Überlegungen nicht von den anderen trennen sollten. Ganz im Gegenteil: Machen Sie sich bewußt, wie alles zusammenhängt:

- Wie Ihre persönliche Vorstellung vom Lebensglück mit Ihrem Selbstbewußtsein zusammenhängt.

- Wie Geld und Verdienst Ihr Selbstbewußtsein und den Umgang mit bestimmten Menschen beeinflussen.
- Nicht einmal die Gesundheit sollten Sie bei diesen Überlegungen ausschließen. Denn jeder wird verstehen, daß ein Mensch, der sich körperlich stark fühlt, auch in seinem Verhalten selbstbewußter sein kann.

Gehen Sie nun daran, sich in aller Ruhe mit Ziel und Weg in diesem Lebensbereich auseinanderzusetzen und das Ergebnis in Ihr »Lebensbuch« einzutragen.

Ermunterung

Sie haben bis jetzt bei der Planung Ihres Lebens schon ein gutes Stück Arbeit hinter sich gebracht. Folgendes kann dabei passiert sein:

- Sie finden einen zunehmend größeren Spaß bei dieser Beschäftigung und Sie spüren geradezu körperlich, wie allein dies Sie verändert.
- Sie sind noch immer skeptisch und überlegen hin und wieder, ob denn das alles auch wirklich einen Sinn für Sie hat. Denn eigentlich haben Sie sich diese ganze Angelegenheit viel einfacher vorgestellt. Nicht so mühevoll.
- Sie haben es schon aufgegeben, aktiv an Ihrem Lebensplan zu arbeiten, und lesen nur noch, weil Sie den Band nun schon einmal gekauft haben, die Seiten durch.

Gleichgültig, zu welcher dieser drei Gruppen Sie gehören, Sie sollen sich über Ihre Einstellung zu dieser Anleitung der Lebensplanung ein paar Gedanken machen. Etwa solche:

- Warum habe ich bis hierher mitgemacht und nicht schon längst aufgehört?
- Spüre ich irgendwie, daß ich einen Plan für mein Leben haben sollte, aber bin nur zu bequem, mich ernsthaft darum zu bemühen?

- Ist meine derzeitige Euphorie nicht auch gefährlich? Einen Plan zu machen ist jedenfalls viel einfacher, als diesen Plan dann auch zu verwirklichen.
- Sollte ich mir nicht jetzt schon im klaren darüber sein, daß ich mir bei den ersten Schwierigkeiten und Rückschlägen während der Verwirklichung meine Freude nicht nehmen lassen darf?

Zu welchen Ergebnissen Ihre Überlegungen auch führen: Fällen Sie eine klare Entscheidung, wie Sie weitermachen wollen. Und warum.

Der siebente Schritt

Der siebente Schritt Ihrer Lebensplanung beschäftigt sich mit einem Bereich, der Sie über sich selbst hinausführen und zu außergewöhnlichen Leistungen anspornen kann:

- *»Meine Phantasie«*

Ehe Sie sich mit diesem weiteren Schritt Ihrer Lebensplanung beschäftigen, sollten Sie sich die Frage noch einmal stellen: »Warum will ich eigentlich mein Leben planen?«

- Bin ich nur halbherzig dabei? Ist es nur ein Alibi, warum ich mich mit der vorliegenden Anleitung beschäftige? Damit ich nachher sagen kann: »Ich habe es versucht, aber es war halt doch nicht das Richtige für mich.«
- Mache ich wirklich das Beste aus dieser ganzen Sache für mich? Glaube ich wirklich daran? Will ich wirklich an meinem Leben etwas ändern?
- Habe ich erkannt, daß der »Plan« der Anfang jeder Veränderung ist?

Lehnen Sie sich zurück. Schließen Sie die Augen und lassen Sie sich diese Fragen durch den Kopf gehen.

Suchen Sie ehrliche Antworten. Machen Sie sich nichts vor. Sie brauchen sich vor niemandem zu rechtfertigen.

»Meine Phantasie« ist der nächste Punkt im Planungsgerüst für unser Leben.

Vielen Menschen ist ihre Phantasie nicht geheuer, sie lockt sie immer wieder in Träumereien, vor denen sie sich fürchten, weil sie als Tabu abgestempelt wurden.

Sexuelle Phantasien sind für viele Menschen bis heute solche Tabus. Man spricht von »unanständigen Phantasien« oder von »hemmungslosen Träumereien«.

Niemand sollte es zulassen, daß man seine Welt der Gedanken auf diese Weise einengt.

Wir alle sollten entschlossen unsere Phantasie nützen. Als vielfältiges Instrument zur Bewältigung unseres Lebens:

- Warum sollte nicht jemand, der seine sexuellen Erwartungen im Leben nicht oder noch nicht erfüllen kann, sie nicht wenigstens in seiner Phantasie erfüllen?
- Ist nicht die Vorstellung, die Phantasie, wie wir ein Ziel erreichen, die Vorfreude auf den Erfolg – eine starke Motivation zur Erfüllung so einer Vorstellung?
- Sind nicht aus »verrückten, unmöglichen« Phantastereien entscheidende Erfindungen gemacht worden, die unsere Welt verändert haben?

Sich vorstellen zu können, *daß* wir uns einen Wunsch, einen scheinbar unerfüllbaren Traum erfüllen, ist bereits ein praktischer Schritt zur Erfüllung selbst.

Unsere Phantasie ist ein Bestandteil jeder Lebensbewältigung. Wenn wir uns stark genug vorstellen, daß wir ein Problem *nicht* bewältigen, ist das ein Schritt zum Mißerfolg. Wenn wir uns eindringlich genug vorstellen, daß uns eine bestimmte Stelle des Körpers schmerzt, schmerzt sie uns oft auch tatsächlich.

Wenn wir daran glauben, daß wir uns von einer Operation bald erholen, ist es wahrscheinlich, daß dies auch in Wirklichkeit geschieht.

Diese und viele andere Erfahrungen sollten Grund genug für Sie sein, die Phantasie als ein Instrument zur Verwirklichung Ihrer Wünsche und Ziele zu sehen, das Sie zu Ihrem Nutzen anwenden können.

Wenn Sie das erkannt haben, sollten Sie sich mit der Frage beschäftigen:
»Wie kann ich in Zukunft meine Phantasie bewußt und gezielt für mich einsetzen?«

Die Phantasie verhilft Ihnen dazu, sich aus der Masse der Menschen herauszuheben und Ihre Einmaligkeit zu entdecken. Man könnte Sie in eine enge Gefängniszelle sperren, aber in Ihrer Phantasie könnten Sie trotzdem frei sein.

Wenn es also eine Freiheit gibt, dann ist es die Freiheit der Phantasie, die wir pflegen sollten. Die wir von niemandem einengen oder unterdrücken lassen sollten.

Die Phantasie, vorausgesetzt, wir lassen ihr freien Lauf, macht es möglich, Unmögliches zum Machbaren werden zu lassen. Deshalb sollten wir genügend Zeit dafür verwenden, die bewußte Handhabung unserer Phantasie zu planen.

Dieses Bemühen wird für viele damit anfangen, daß sie sich dazu entschließen: »Von heute an werde ich mich nie wieder vor meiner Phantasie fürchten. Ich werde sie nicht unterdrücken. Ich genieße sie. Ich nütze sie. Ich male mir damit aus, wie ich das, was ich mir vorgenommen habe, auch erfolgreich bewältige.«

Um es anders auszudrücken: Ehe wir ein Problem in der Praxis bewältigen, sollten wir es mit unserer Phantasie bewältigen.

Das ist Kreativität.

Sich zu denken wagen, was die Vernunft als »unmöglich« abstempelt.

Sich daran erfreuen, was die Moral als »unanständig« verdammt.

Wir sollten nicht zulassen, daß Vernunft oder Moral oder irgendeine andere manipulative Beschränkung unserer Phantasie Fesseln anlegt. Wenn wir schon nicht in der Realität des eingeengten Lebens hemmungslos sein können – in unserer Phantasie sollten wir es sein.

Wenn Sie sich also mit diesem Lebensbereich beschäftigen, sollten Sie Ihre Phantasie dazu benützen, sich die Möglichkeiten eben dieser Ihrer Phantasie auszumalen.

Schließen Sie diese Beschäftigung damit ab, in Ihrem »Lebensbuch« festzulegen, wie Sie in Zukunft die »Phantasie« trainieren und für sich nützen wollen.

Ermunterung

Der Alltag hat den meisten Menschen schon längst die Schönheit des Phantasierens zerstört.

»Ach, du phantasierst ja« ist zu einer abwertenden Redensart geworden. Vernunft und Nüchternheit werden schon den Kindern als vorbildliche Eigenschaften dargestellt.

Tatsächlich aber scheitern unendlich viele Menschen in ihrem Leben an der Unfähigkeit, sich über die sachliche Nüchternheit der Alltagsrealität zu erheben, in eine Wunderwelt der freien Gedankenassoziation.

Hier also noch einmal die Ermunterung:

- Lassen Sie es nicht zu, daß irgend jemand, vor allem aber nicht Sie selbst, Ihre Phantasie unterdrückt.
- Lassen Sie sie nicht verkümmern, sondern üben Sie sich darin, von ihr Gebrauch zu machen.

Das wird Ihnen helfen, scheinbar Unmögliches möglich zu machen, eine Niederlage in Erfolg umzumünzen und aus jedem »Gefängnis« auszubrechen, in das die Realität Sie tagtäglich steckt.

Der achte Schritt

Der achte Schritt Ihrer Lebensplanung besteht darin, »Lebensstil und Bedürfnisse« in Einklang zu bringen und in diesem Bereich Ziel und Weg schriftlich festzuhalten.

Diese Anleitung beruht in hohem Maße auf Wiederholung. In kleinen Variationen wird versucht, Sie immer wieder an Hinweise und Erkenntnisse zu erinnern, die Sie schon kennen sollten.

Wer merkt sich schon, was er nur einmal gehört oder gelesen hat? Es ist auch nicht so, daß wir sofort in die Tat umsetzen, was wir als richtig erkannt haben. Wissen zu besitzen, heißt noch lange nicht, daß wir es deshalb auch schon in die Praxis des Lebens integrieren.

Nahezu alles, was wir verwirklichen, stößt auf Widerstände in uns selbst und bei unserer Mitwelt. Die Trägheit versucht uns ständig zu verleiten, am gesicherten Hergebrachten festzuhalten. Auch dann noch, wenn wir schon längst erkannt haben, daß es besser wäre, einiges zu ändern.

Veränderung basiert nicht auf bloßem Wissen dessen, wie wir etwas verändern wollen.

Wir müssen es einüben.

Wir müssen es ständig wiederholen, vertiefen, verbessern und uns so sehr damit vertraut machen, bis das, was wir verwirklichen möchten, ganz von selbst geschieht.

Vielleicht haben Sie schon einmal einen Klaviervirtuosen bei einem Konzert beobachtet. Oder einen Meister auf der Geige. Er spielt die schwierigsten Passagen, die Augen geschlossen, ohne Notenblatt. Vermutlich denkt er auch nicht daran, was er spielen soll.

Alles an ihm ist die Melodie, der Rhythmus, der Inhalt dessen, was er spielt. Er hat es unendlich geduldig Note für Note eingeübt, bis es schließlich ganz von selbst genauso erklingt, wie es auf dem Notenblatt steht.

Das Geheimnis dieses Vorgangs ist das Üben, das unermüdliche Wiederholen der Grundlage dessen, was man verwirklichen will. Das gilt für die Verwirklichung eines Lebensplans genauso wie für das Spiel des Virtuosen.

Wir haben beispielsweise versucht, in dieser Anleitung bestimmte Begriffe in regelmäßigen Abständen bewußt zu wiederholen, um Sie damit vertraut zu machen. Etwa den Begriff »Lebensbuch«. Oder »Lebensplan«.

Wenn Sie diesen Band durchstudiert haben und zur Seite legen, sollten solche Begriffe in Ihnen so stark verankert sein, daß Sie ganz selbstverständlich damit umgehen können.

Wenn Sie denken: »Ich lese heute abend in meinem ›Lebensbuch‹«, soll Ihnen dies nicht mehr als etwas Außergewöhnliches erscheinen, sondern als eine selbstverständliche Sache. Deshalb sollen Sie sich jetzt schon an Begriffe wie »Lebensbuch« gewöhnen.

Oder an die Erkenntnis, daß der Lebensplan, an dem Sie hier arbeiten, Ihre ganz persönlichen Maßstäbe für Ihr zukünftiges Leben darstellen.

Oder, um es noch deutlicher zu machen: Dieser Lebensplan führt Sie aus dem Allgemeinverhalten heraus zu einem individuellen Verhalten nach Ihren eigenen Bedürfnissen und Vorstellungen. Damit stehen Sie im Gegensatz zu der Erziehung, die das Leben von uns allen in hohem Maße bestimmt.

Es ist eine Erziehung zur Solidarität.

Wir sollen uns in vorgegebene Normen einordnen.

Wir sollen die Pläne gehorsam befolgen, die andere für uns aufgestellt haben.

Diese Pläne orientieren sich vorwiegend nach den Bedürfnissen der Leute, die diese Maßstäbe bestimmen. Wir sollen veranlaßt werden, uns diesen Maßstäben anzupassen. Auf Kosten unserer eigenen Bedürfnisse und Wünsche.

Deshalb sollte Ihnen bewußt sein, daß das Leben nach Ihrem eigenen Lebensplan eine Konfrontation mit den Maßstäben heraufbeschwört, die andere Ihnen aufzwingen möchten.

Andererseits ermöglichen es Ihnen Ihre eigenen Maßstäbe, alles, wozu andere Sie verführen wollen, nach Ihren eigenen Bedürfnissen zu überprüfen und zu beurteilen und die entsprechenden Entscheidungen zu fällen.

Maßstäbe, Bedürfnisse, Verführung, Selbstbehauptung gegenüber den verallgemeinernden Versuchen der Manipulation. Alles das sind Faktoren, die Ihr Leben im Alltag bestimmen, ob Sie es wahrhaben wollen oder nicht.

Ihre Umwelt hat sehr konkrete Vorstellungen davon, wie Sie leben sollen. Jedes Möbelgeschäft weiß ganz genau, welche Möbel Sie in Ihre Wohnung stellen sollen. Jeder Autohersteller produziert zielstrebig darauf hin, Ihr persönliches Bedürfnis seinem Angebot anzupassen. Und seinen Gewinn daraus zu ziehen.

Jeder, der Ihnen ein Angebot macht, versucht Ihre Vorstellung von Ihren tatsächlichen Lebensbedürfnissen wegzulocken, zu jenem Bedürfnis hin, das er Ihnen suggerieren will.

Je weniger konkret Sie selbst Ihr Bedürfnis kennen, um so leichter haben es die anderen, Ihnen ihre Angebote schmackhaft zu machen.

Alles das, was Sie dann kaufen, macht Ihren Lebensstil aus.

Die Frage dabei ist: Ist es tatsächlich *Ihr* Lebensstil? Oder ist es der Stil, den Ihnen Werbung und Verkäufer aller Art so lange und intensiv genug eingeredet haben, bis Sie automatisch befolgen, was man von Ihnen will. Oder, um in der Sprache des Geigenvirtuosen zu bleiben, sind es Ihre eigenen Noten, nach denen Sie das Spiel des Einkaufens und Anschaffens spielen?

Die Definition jedenfalls sollte lauten: Mein richtiger Lebensstil ist jener, der möglichst genau meinen tatsächlichen Lebensbedürfnissen entspricht.

Meine eigenen Lebensbedürfnisse aber entdecke ich um so besser, je intensiver ich in mich hineinhöre, mich mit mir beschäftige und je konkreter ich meine bedürfnisgerechten Maßstäbe formuliere.

Hier ist das Beispiel eines Teilnehmers an einem Seminar der Lebensschule. Er schrieb:

»Je konkreter ich weiß, was ich wirklich will, um so leichter kann ich der Versuchung widerstehen, meinem Lebensstil fremde Maßstäbe anzulegen. Deshalb stelle ich mir für alle Bereiche der Gestaltung meines Lebensraums ganz konkrete Listen auf.

1. Liste: Was würde ich in einen Koffer packen, wenn ich innerhalb einer Stunde flüchten müßte?

Mit dieser Liste will ich mir bewußt machen, was ich tatsächlich als das Notwendigste für mein tägliches Leben brauche.

2. Liste: Wie soll mein Arbeitszimmer eingerichtet sein, damit es genau meinen persönlichen Erfordernissen entspricht?

3. Liste: Welche Eigenschaften braucht das Auto, das ich fahre?

Und so weiter, und so weiter.«

Diesen Zielsetzungen folgten Listen mit Dutzenden von Dingen, die der Seminarteilnehmer für wichtig hielt. Manches davon hatte er später wieder geändert oder durchgestrichen. Man konnte erkennen, daß er um jedes Stück wirklich zu ringen schien, das er in seinen Koffer packen oder in sein Arbeitszimmer stellen wollte.

Das Aufstellen solcher Listen jedenfalls schien für ihn ein sehr nützliches Hilfsmittel zu sein, seine tatsächlichen Bedürfnisse zu ergründen. Schließlich fragte er sich bei jedem Stück, das er aufschrieb: »Brauche ich das wirklich? Erfüllt es den Zweck, den es erfüllen soll? Kann ich es mir wirklich leisten?« und ähnliches mehr.

Unser Lebensstil ist das, wie wir unseren Lebensraum gestalten. Wie wir wohnen. Wie wir mit den Menschen umgehen, mit denen wir wohnen. Wie wir uns der weiteren Umwelt zeigen:

- Ob wir mit einem Auto, das teurer ist, als wir es uns eigentlich leisten könnten, den Nachbarn imponieren wollen.
- Oder ob wir ein Auto fahren, wegen dem uns die Nachbarn ein wenig von oben herab anschauen. Wir selbst aber freuen uns darüber, weil wir nach dem Grundsatz leben möchten: »Mehr sein als scheinen«.

Alles das ist unser Lebensstil.

Eines sollten Sie nicht vergessen, wenn Sie jetzt Ihre eigenen Maßstäbe im Bereich »Lebensstil und Bedürfnisse« in Ihr »Lebensbuch« schreiben:

- Ihr Lebensstil ist um so mehr *Ihr* Lebensstil, je mehr er *Ihren* wirklichen Bedürfnissen entspricht.
- Er ist um so weniger *Ihr* Lebensstil, je mehr Sie ungeprüft die Maßstäbe eines Lebensstils übernehmen, den andere Ihnen suggerieren möchten.

Ermunterung

Manche Menschen haben die größten Schwierigkeiten, sich zu sich selbst zu bekennen.

Sie möchten nicht so sein, wie sie sind. Viel lieber wären sie so wie der X oder der Y oder so wie Menschen, die sie im Fernsehen bewundern.

Aus dieser Abneigung vor sich selbst sind sie ständig bemüht, so zu leben, wie jene anderen leben, die sie gerne sein möchten.

Das Ergebnis ist leicht vorauszusehen: Sie werden in Wahrheit niemals so sein, wie es ihre Vorbilder sind. Sie werden aber auch niemals so sein, wie sie selbst sind. Ihr wahres Ich wird ihnen immer fremd bleiben, weil sie es ständig verleugnen.

Wir sollten es also ganz einfach einmal damit versuchen, uns mit unserem wahren Ich anzufreunden.

Aus der sich entwickelnden Ich-Vorstellung sollten wir unsere eigenen Maßstäbe ableiten. Den eigenen Lebensstil.

Schon wenn Sie diese Zusammenhänge erkannt haben und sich dazu entschließen, sich in aller Freundlichkeit mit Ihrem wahren Ich zu befassen, statt es immer nur zu verleugnen – haben Sie bei der Beschäftigung mit diesem Schritt Ihrer Lebensplanung einen entscheidenden Fortschritt gemacht.

Der neunte Schritt

Der neunte Schritt Ihrer Lebensplanung besteht darin, Ziel und Weg für den letzten Punkt Ihres Planungsgerüstes festzulegen. Er lautet:

- *»Gesundheit«*

Vielleicht hat es Sie gelegentlich gestört, daß Ihnen hier nichts vorgeschrieben wird. Auch keine allgemeinen Wahrheiten werden verkündet, denen Sie sich unterwerfen können. Dafür ist vorwiegend von Hinweisen, Vorschlägen und Beispielen die Rede.

Auch wenn wir uns immer wieder dagegen auflehnen, so haben sich doch sehr viele Menschen daran gewöhnt, ihr Leben nach Geboten und Verboten zu orientieren. Andere haben sie für uns aufgestellt und nehmen uns damit die eigene Entscheidung ab.

Die vorliegende Anleitung versucht, Sie zu möglichst vielen eigenen Entscheidungen zu ermutigen. Ganz einfach deshalb, weil es wenig zielführend wäre, den eigenen Lebensplan auf Entscheidungen aufzubauen, die andere für uns gefällt haben.

Darüber hinaus soll unser persönlicher Lebensplan die Grundlage für unsere zukünftigen Eigenentscheidungen sein. Er soll der Maßstab unseres Handelns sein, nach dem wir alles überprüfen können, ob es für uns richtig ist. Oder ob andere Leute uns zu etwas überreden wollen, was ihnen mehr nützt als uns.

Im Mittelpunkt Ihrer Überlegungen für Ihren Lebensplan kann immer nur Ihr persönlicher Vorteil stehen.

Und wie steht es in dieser Hinsicht mit Ihrer Gesundheit? Gleichgültig, ob Sie zu den gesunden Menschen gehören oder zu jenen, die ein-, zweimal im Jahr krank sind, sollten Sie diese Frage sehr gründlich untersuchen:

- »Was tue ich für meine Gesundheit?«

Es braucht Sie nicht zu überraschen, wenn Sie zu dem Schluß kommen: »Ich tue nichts.« Oder wenn Ihnen eine ganze Reihe von Dingen einfallen, die Sie *gegen* Ihre Gesundheit tun. Wenn es so ist, sollten Sie nicht zögern, darüber eine Liste anzufertigen.

Begnügen Sie sich nicht damit, jetzt zustimmend zu nicken.

Fassen Sie vielmehr diese Dinge konkret ins Auge. Schreiben Sie sie auf. Fertigen Sie zwei Listen an:

- Was tue ich täglich für meine Gesundheit konkret?
- Wie schade ich täglich meiner Gesundheit?

Vielleicht können Sie heute noch gar nicht beurteilen, wie Sie mit manchen Lebensgewohnheiten Ihrer Gesundheit schaden. Einfach, weil Ihnen das Wissen über die Zusammenhänge fehlt.

Dann sollten Sie darangehen, sich immer mehr darüber zu informieren, was Sie gesund erhält und was Ihnen schadet.

Wir leben in einer Zeit, in der die meisten Menschen nur an ihre Gesundheit denken, wenn sie krank geworden sind. Und dann auch nur im Zusammenhang mit Ärzten und Medikamenten. Für die Planung Ihres Lebens sollten Sie sich mit den Möglichkeiten eingehend beschäftigen, was Sie zur Erhaltung Ihrer Gesundheit tun können. Ihre Gesundheit ist schließlich eine entscheidende Voraussetzung für Zielsetzungen in anderen Bereichen des Planungsgerüstes:

- Ein Bestandteil Ihres allgemeinen Glückserlebnisses ist es, möglichst wenig krank und darüber unglücklich zu sein.
- Im Krankenhaus zu liegen ist der Absicht, mehr Geld zu verdienen, keineswegs förderlich.
- Krankheit stört nach geraumer Zeit jede befriedigende Partnerschaft. Ganz davon abgesehen, daß einem kranken Menschen die Energie zu fröhlichem Selbstbewußtsein fehlt.

Für Ihre Gesundheit können Sie vorerst *drei Entscheidungen* fällen:

1. An jedem einzelnen Tag Ihres zukünftigen Lebens die wichtigsten Regeln des Gesundbleibens zu befolgen.

2. Sich die wichtigsten Informationen über die Gesunderhaltung anzueignen.

3. Nie wieder tatenlos zu warten, bis Sie krank werden, sondern Erkrankungen rechtzeitig vorzubeugen.

Hier ist, als kleine Anregung für Ihre Beschäftigung damit, eine Liste von sieben Faktoren, die Ihrer Gesunderhaltung dienen können:

1. Essen Sie richtig und das Richtige.
2. Bewegen Sie sich regelmäßig.
3. Lernen Sie, sich richtig zu entspannen.
4. Atmen Sie richtig.
5. Trinken Sie richtig und das Richtige.
6. Befolgen Sie Vorsorgemaßnahmen, damit eine Krankheit erst gar nicht ausbrechen kann.
7. Denken Sie positiv und hoffnungsfroh, statt sich das Kranksein einzureden.

Sicherlich: Diese sieben Punkte werden für jemanden, der sich bisher noch nie damit befaßt hat, keine große Hilfe sein. Das sollen sie auch nicht. Wir möchten Sie nur dazu ermuntern, für Ihr Leben die Entscheidung zu fällen, selbst alles Ihnen Mögliche für Ihre Gesundheit tun, statt sich hilflos auf andere zu verlassen. Dazu müssen Sie sich selbst – Schritt für Schritt – in den kommenden Monaten und Jahren ganz gezielt das Wissen aneignen, das dafür notwendig ist.

Wenn das die Verpflichtung sich selbst gegenüber ist, die Sie in Ihrem Lebensplan festlegen, werden Sie ständig daran erinnert werden, dieser Verpflichtung nachzukommen. Einer der Vorteile eines Planes ist es schließlich, daß er uns dauerhaft Impulse zur persönlichen Weiterentwicklung vermittelt.

Die Beschäftigung mit dem Thema Gesundheit sollte auch zum Überdenken Ihrer täglichen Lebensgewohnheit führen:

- Wie essen Sie? Glauben Sie, daß Ihre bisherigen Essensgewohnheiten so sind, wie sie sein sollten? Was sollten Sie daran ändern? Warum haben Sie das bisher nicht getan?
- Wie trinken Sie? Was trinken Sie? Haben Sie sich schon einmal dafür interessiert, ob alles das, was Sie trinken, dem Körper wirklich nützt?

Das Überdenken einer Gewohnheit, die wir kritiklos befolgen, weil wir »das immer schon so gemacht haben« oder »weil das alle anderen ja auch so machen«, kann oft zu erstaunlichen Ergebnissen führen. Auch zu dem, daß das, was Sie da aus Gewohnheit tun, eigentlich gar keinen Sinn für Sie ergibt.

Ermunterung

Mit unserer Gesundheit verhält es sich so wie mit allem, was wir im Leben erreichen wollen: Es genügt nicht, uns erst damit zu befassen, wenn wir in Schwierigkeiten sind.

Wir müssen *einüben,* was wir erreichen wollen. Am besten üben wir es täglich.

Viele Menschen betrachten Gesundheit und Krankheit so, als wären es zwei völlig voneinander getrennte Dinge. Wenn wir gesund sind, nehmen wir es als Selbstverständlichkeit zur Kenntnis. Wir belasten Körper und Persönlichkeit bis weit über die Grenzen.

Wenn wir dann krank geworden sind, distanzieren wir uns von unserem Körper. Wir fühlen uns nicht für ihn verantwortlich. Wir sagen dem Arzt: »Sie sind der Fachmann, tun Sie, was Sie wollen, damit ich möglichst rasch wieder auf den Beinen bin.«

Täglich für seine Gesundheit etwas tun, damit wir möglichst keinen Arzt brauchen, fängt damit an, daß wir uns an jedem Abend vor dem Schlafengehen fragen:

- Was habe ich heute für meine Gesundheit getan?

- Was habe ich heute gegen meine Gesundheit getan?

Dann sollten Sie einen Blick in Ihr »Lebensbuch« werfen, was Sie dort zu dem Thema notiert haben: »Was ich an jedem Tag tun werde, um gesund zu bleiben.«

Einige Hinweise, ehe Sie diesen Band aus der Hand legen

Dies sind die letzten Seiten dieses Bandes, ehe Sie ihn – vielleicht für immer – zur Seite legen. Wenn Sie jetzt Ihren eigenen, ganz auf Sie und Ihre Bedürfnisse abgestimmten Lebensplan besitzen, brauchen Sie diese Anleitung nicht mehr. Sie hat für Sie ausgedient.

Dann wissen Sie jetzt besser als irgend jemand anderer, die Lebensschule inbegriffen, was für Sie richtig ist und was nicht.

Sie haben Ihr Leben in die eigenen Hände genommen. Gehen Sie nicht mehr davon ab. Gleichgültig, wie lange es dauert, alle Ihre Pläne und Vorstellungen zu verwirklichen. Sie haben Jahre dazu Zeit. Den Rest Ihres Lebens.

Die besten Pläne allerdings nützen uns nichts, wenn wir nicht an sie glauben und uns mit ihnen identifizieren.

Es ist immer gefährlich, sich mit dem zu identifizieren, was andere uns als Lösung anbieten. Meistens geschieht es in der Absicht, uns für ihre Absichten auszunützen. Die anderen ziehen daraus Nutzen, und wir bleiben enttäuscht und verbittert zurück.

Unserer eigenen Vorstellung können wir uns anvertrauen – vorausgesetzt, wir haben sie nicht aufgestellt, um uns selbst zu betrügen. Aber auch dann wissen wir, woran wir sind. Dann haben wir uns eben selbst betrogen und tragen dafür die Verantwortung.

So widersinnig es auch klingen mag, aber uns selbst trauen wir oft am wenigsten. Wir trauen uns nichts zu. Wir haben kein Vertrauen zu unseren Fähigkeiten. Wir getrauen uns nicht, für das einzutreten, was wir für richtig halten, was uns nützt und was uns glücklich macht.

Dieses Mißtrauen uns selbst gegenüber macht uns unsicher und hilflos den eindringlichen Botschaften der Mitwelt gegenüber, die uns suggerieren: »Wir sagen dir, was richtig ist – tue es, damit du glücklich wirst.«

Wer seinen eigenen Lebensplan besitzt, sollte nur eine einzige Antwort auf diese Botschaften haben, gleichgültig, wer sie ihm vermittelt: »Ich weiß jetzt selbst, was für mich richtig ist. Ich vertraue mir selbst mehr als irgend jemand anderem. Ich prüfe deine Botschaft erst nach meinen eigenen Maßstäben, ehe ich mich entscheide.«

Auf sich selbst vertrauen und sich mit seinen Vorstellungen zu identifizieren heißt: Sie auch dann nicht in Frage stellen, wenn ich eine Niederlage erleide, obwohl ich mir alle Mühe gegeben habe, nach meinen Maßstäben zu handeln.

Niemals sind unsere Maßstäbe an einer Niederlage schuld, sondern nur wir selbst. Wir brauchen allerdings Niederlagen nicht zu fürchten, weil unsere Maßstäbe uns auch in Phasen des Zweifelns zeigen, wohin unser Weg führen soll.

Sich mit Ihren im Lebensplan niedergelegten Vorstellungen zu identifizieren bedeutet also:

- Glauben Sie daran, gleichgültig, ob Sie damit erfolgreich sind oder einmal versagt haben.
- Lassen Sie sich durch niemanden und durch kein Argument davon abbringen, an sich und Ihre eigenen Vorstellungen zu glauben. Niemand kann Ihnen eine größere Sicherheit geben als Sie selbst.
- Vertrauen Sie niemandem so sehr wie sich selbst.

Es kann durchaus sein, daß Sie jetzt diese Zeilen lesen und nichts von alledem getan haben, wozu wir Ihnen in dieser Anleitung geraten haben.

Sicherlich hatten Sie gute Gründe dafür. Vielleicht haben Sie dem mißtraut, was wir Ihnen vorzuschlagen versuchten. Lassen Sie sich weiterhin nicht in Ihrem eigenen Urteil beirren. Vielleicht nehmen Sie nach einem Monat oder einem Jahr diesen Band der Lebensschule wieder zur Hand – und denken ganz anders darüber als jetzt.

Sie können auch jetzt, nachdem Sie alles gelesen haben, noch einmal von vorne anfangen. Dieser Band ist für Sie geschrieben, damit Sie das daraus machen, was Sie für richtig halten. Wenn Sie das Beste für sich daraus machen, ist es gut für Sie. Wenn nicht, sind Sie selbst dafür verantwortlich.

Eines sollten Sie nicht vergessen: Ihr Lebensplan ist für Sie in dem Maße wertvoll, in dem Sie sich damit identifizieren. Sie können nicht vollkommenes Glück erwarten, wenn Sie nur ein bißchen an Glaube, Aktivität und Energie darauf verwenden.

Wer im Leben mehr erreichen will als andere, muß mehr dafür tun als andere.

Der Weg zur optimalen Verwirklichung seiner eigenen Lebensvorstellung – das möchten wir Ihnen noch einmal ins Gedächtnis rufen – führt über vier Stationen:

1. Sie wissen, was Sie wollen und wozu Sie sich fähig fühlen.
2. Sie entscheiden sich dazu, was Sie tun wollen, und legen es schriftlich als Maßstab Ihres Handelns fest.
3. Sie identifizieren sich damit und lassen sich in Ihrem Glauben nicht beirren.
4. Sie tun es.

Sich mit Ihren Vorstellungen und Zielen zu identifizieren bedeutet: Damit leben, sie zu einem Bestandteil Ihres Denkens und Handelns zu machen, bis sie ein Bestandteil Ihrer Persönlichkeit geworden sind.

Vollkommene Identifikation bedeutet, daß es nicht mehr den geringsten Zweifel daran für Sie gibt, das zu tun, was Sie für sich als richtig erkannt haben. Denn, auch das sollten Sie bedenken: Zweifel sind meistens nichts anderes als eine bequeme Ausrede dafür, nicht handeln zu müssen.

Je stärker wir uns deshalb mit unseren Vorstellungen identifizieren, um so mehr brennen wir darauf, sie auch zu verwirklichen. So wird die Identifikation zum starken Motor für unser Handeln.

Dieser Plan für den Rest Ihres Lebens ist deshalb nur das wert, was Sie davon entschlossen verwirklichen. Wir wünschen Ihnen Erfolg dabei.

Hund und Katz

(60537)

(60619)

(82112)

(60524)

(77347)

(60362)

Gesamtverzeichnis
bei Knaur, 81664 München

Knaur

FOLIO POLICIER